Le Guide des Energies 2017
Concourir à la Paix

© 2017 Marina Paregno / Marina Paregno

Illustration : kelydest.pub

Edition : BoD - Books on Demand
12/14 rond-point des Champs Elysées
75008 Paris
Imprimé par BoD – Books on Demand, Norderstedt
ISBN : 978-2-322137435
Dépôt légal : **Janvier 2017**

Introduction

J'ai cherché près de 33 ans ma véritable identité et le sens de mon incarnation ici sur terre. Beaucoup d'enfants précoces connaissent cette grande solitude intérieure et cet énorme besoin d'amour.

Enfant visionnaire, je suis plongée dans cette intériorité qui me donne accès à une conscience claire. Tel un écran de télévision qui s'ouvre, je vois exactement la Lumière grâce à ce regard intérieur qui interagit dans mon jeune corps, entre mon esprit et mon ventre. Cet écran je le découvre plus tard, c'est mon âme. Difficile de se l'expliquer quand on est enfant.

Mon regard intérieur se focalise alors sur la Vie et je décide d'entrer très jeune, à 19 ans, dans la Gendarmerie Nationale. Pleine d'idéaux, je suis en quête identitaire et m'engage dans l'idée de servir mais surtout de venir en aide aux enfants.

Je prends connaissance de la violence de notre réalité sur le terrain. Dans ce contexte parfois éprouvant et décourageant, mes capacités vont continuer de croître et ce parcours militaire va se transformer en une aventure spirituelle.

Mon cœur de maman m'appelle alors à répondre à mes responsabilités familiales et je quitte l'institution en Mars 2008.

En juin, une voix claire en moi retentit comme ces échos de voix venues de très près et d'ailleurs me prévenant qu'il ne reste plus qu'un an à vivre à mon père. Un an plus tard, il nous quitte brutalement à la suite d'un cancer foudroyant. Ce premier électrochoc ébranle mon âme et marque le retour à ma foi profonde.

La vie ne pouvant pas s'arrêter ainsi sur un silence de mort, je cherche à communiquer avec lui par écriture automatique. Loin de moi la volonté d'être un médium ! Je cherche à lever les voiles, à savoir où il est, comment il va. Je cherche simplement à prolonger ce fil d'amour qui peut exister entre le visible et l'invisible.

Je vais alors être rapidement happée par le monde de l'astral et faire mes premières initiations en tant que passeuse d'âme. Je me rends compte qu'il existe un monde puis plusieurs juste à côté de nous. Ce monde est vibratoire. On ne peut l'approcher qu'après s'être ouvert à une autre forme de conscience, où continuent sur d'autres ondes, fréquences et dimensions nos êtres aimés.

En parallèle, mon canal de médium s'ouvre et je dois transmettre les messages que je reçois de l'au-delà, en privé puis publiquement en salle. La médiumnité est une introduction à l'amour. Elle nous apprend à aimer, à nous défaire, à nous dépouiller de nos attentes, de nos jugements, de nos croyances illusoires qui forgent notre Ego. Vouloir entamer un dialogue avec l'autre rive, demande à ce que nous nous rappelions de qui nous sommes.

Vivre continuellement avec l'astral, quelquefois manipulé, nous démontre aussi que nous avons à sortir de notre monde de dualité et de souffrances pour grandir et ouvrir les portes de notre paradis intérieur. La médiumnité nous montre où nous en sommes avec nous-même. C'est une initiation pratique pour ouvrir les portes de notre âme et grandir vers la Lumière.

Les connaissances des Lois du cœur m'ouvrent ses portes vers le Ciel et je commence à recevoir mes premiers enseignements par la technique dite de " channeling". Les messages qui guident et font évoluer mon âme en semi-transe m'entrainent à ouvrir mon canal christique, pour rapidement toucher les voies cosmiques. Je m'aperçois alors que quelque chose de bien plus grand existe au-delà de notre monde terrestre, ainsi qu'aux portes dimensionnelles de l'astral et des égrégores qui l'emprisonnent.

Aujourd'hui, j'aime contempler notre humanité. Elle glisse lentement vers la libération de ses chaînes et amorce sa renaissance. Partout sur les grilles protectrices et invisibles de la Terre, des petites étoiles scintillantes clignotent et se rallument. Mon âme est soucieuse de ce bien être qu'elle peut apporter, futilement, légèrement à travers les messages qu'elle transmet. Elle est heureuse lorsqu'elle œuvre ici-bas. Ecrire et prévenir à travers les messages et guidances à la terre constitue un véritable engagement dans lequel je me sens enfin Moi, vivante et grandie. Après tant d'années de dispersion, je regarde la Vie avec un autre regard, celui que j'avais écarté pendant plus d'une trentaine d'années. Mon cœur de mère est heureux lorsqu'il connecte avec cette nouvelle toile d'amour cristallin qui se répand partout autour du globe.

Nous sommes arrivés à un point crucial de notre histoire.

Il affole tellement de personnalités dans le pouvoir, celles qui contrôlent notre humanité. La Terre a accéléré sa cadence énergétique et s'est rebranchée à ce feu solaire qui rallume en elle son âme de Déesse. La nouvelle fréquence de la Terre nous permet de nous rejoindre et de nous retrouver en tant qu'enfants sacrés. Beaucoup d'entre nous souffraient dans l'étroitesse d'un 20e siècle qui ne nous a pas permis de nous reconnaître. Nous attendions ce moment car si nous nous sentions reliés à la terre, les énergies mercantiles et dépourvues d'humanisme nous étouffaient. Nous y sommes dans ce grand avènement de conscience où chacun de ses enfants va pouvoir passer à l'acte !

Aujourd'hui, la Terre dans son vivant nous propose de concourir à la Paix.
Concourir à la Paix en s'ouvrant à soi, sans jugement, en toute neutralité. A partir de ce regard d'amour que nous posons en nous même, nous entrons dans un espace de non conflit.

Il nous entraîne vers notre propre recherche intérieure dans l'acceptation de ce que nous sommes intrinsèquement. Notre recherche peut aller dans tous les sens : spirituel, mental, émotionnel, physique peu importe tant que celle-ci se fait avec notre cœur, en commençant par Soi et pour construire un espoir de paix et d'avenir. Nous avons oublié combien cet espace est commun lorsqu'il n'a aucun jugement, aucune attente. Nous sommes là dans cet espace d'amour, à l'écoute de Soi, et c'est ainsi dans ces grands moments de soins intérieurs, que nous pouvons mériter de nous féliciter. Nous n'avons pas à chercher qui on est, mais juste à le découvrir, dans cette harmonie, cette douceur, cette symphonie intérieure entre l'âme, le corps et l'esprit. Juste une esquisse à Être.

Concourir à la Paix en Soi, c'est faire l'éloge de Dieu car dans notre inconstance terrestre, nous avons le privilège de pouvoir communier avec lui. Nous avons ce privilège de manifester notre individualité, notre alignement et donc notre ressemblance avec le Tout Puissant, cet Amour. L'Amour peut être vécu puissamment en fonction de ce que nous décidons fermement pour nous même, soit pour un meilleur, soit pour le pire. Nous épousons la Vie à chaque instant.
Ce nouveau monde dans lequel nous entrons, nous demande et nous interroge sur la profondeur de nos sentiments envers la Terre : est-ce de cette séparation dont nous voulons ?

Nous posons dans ce prochain cycle de 9 ans, les "saints sacrements", les fondations de notre nouvelle humanité. A l'aube de cette nouvelle année et de ce nouveau cycle de vie cosmique, je fais le vœu cher que nos esprits se purifient et se clarifient pour accompagner la pérennité de notre belle Création.

Belle et Heureuse année 2017 à tous !
Marina

I

Retour sur 2016

Le temps s'ouvre vers un nouvel espace et nous nous préparons à entrer dans la grille énergétique de l'année 2017. Avant de vous ouvrir cette grille, j'aimerais revenir sur l'année 2016 qui est achevée.

2016 est un plaidoyer pour demain.
Il met le feu aux barils de poudre. Une année difficile, transitoire ou plus euphorique pour les amoureux de la vie. Nous sommes dans une ère de reliance qui nous demande de nous rassembler pour grandir en soi et ensemble. Une ère d'unité qui nous demande de *concourir à la paix*.

Nous sommes également dans cette ère grandiose qui encourage les virtuoses. Oser en cette fin 2016 tel est le maître mot pour se mettre en appétit et pour nous préparer aux changements tant attendus pour l'entrée dans cette nouvelle ère 2017.

Nous sommes tenus en haleine. Il a fallu marquer notre territoire, nous affirmer, rire avec symphonie, manifester notre bonne volonté, être courageux. Aujourd'hui, si les choses semblent si difficiles c'est parce qu'il faut nous démarquer, retrouver notre appétit de vivre et notre nourriture pour entamer cette renaissance, recoller les morceaux et enfin, dire oui à la vie !

Les énergies de 2016 nous ont demandé de nous relever les manches pour faire tomber les masques que nous portions. Ces masques sont tombés pour que nous entrions non plus dans le moule mais dans le temple de notre vie. Des châteaux de cartes ont été déconstruits et sont tombés en ruine tandis que l'Amour brandissait son drapeau au diapason et a légiféré sa légitimité.

2016 nous fait quitter un Monde. Elle nous fait pousser comme des champignons hors du sol nous demandant de grandir, de quitter un modèle pour entrer dans une nouvelle phase de construction de notre avenir, comme une marque d'émancipation collective qui a permis de ficeler l'ordre du plan divin.

Elle vient sceller le passé, clore un chapitre de notre vie, achever un plan, achever un cycle de formation pour assurer un ordre nouveau. Les énergies nous ouvrent une nouvelle porte d'ascension pour nous permettre de nous envoler.

Beaucoup d'entre nous sont éprouvés, ébranlés par cette transition difficile.
D'autres se sentent catapultés, éjectés, libérés par la force des énergies créatrices qui transcendent actuellement la Terre et les Hommes. Ces nouvelles énergies agissent en profondeur et nous testent. Elles nous préparent à devenir des êtres nouveaux.

Une année de guérison intense en somme pour tous ceux conscients de ce qui leur restent encore à faire ici pour la Terre, pour la servir et l'honorer. Il s'agit peut-être d'une fin de cycle difficile. Elle marque l'acquisition ou la compréhension de notre véritable identité suite à une phase de reconstruction de soi, la récupération de la motricité de notre corps physique.

2016 est aussi cette force venue tout balayer sur notre chemin. Un souffle divin qui prend sa force en 2015 et fait tomber en ruine nos constructions illusoires et malhabiles du passé. Les énergies continuent à travailler sur nos peurs et destituent nos forces liées à un pouvoir obsolète, archaïque voire masochiste mais nous révèle aussi nos failles quant à nos responsabilités de chef, d'époux, de parent.

Depuis 2007, les énergies déstructurent notre égo et nous entraînent dans notre petitesse pour que nous allions voir en profondeur notre partie sacrée. Nous sommes dans la bascule et 2016 nous met face à notre crise identitaire et continue à revoir nos prétentions à la baisse pour nous permettre d'entrer dans notre temple, de descendre au plus profond de soi pour y voir la clarté et la sagesse nécessaire à l'entendement divin.

Nous entrons dans une nouvelle ère où la Terre nous provoque et allège à la fois notre conscience sur notre faculté de produire plus généreusement, en entrant avec elle dans la joie créatrice, en réelle harmonie avec qui elle est et ses règnes. Nous pouvons établir cette connexion en nous alignant à notre volonté de servir notre profondeur spirituelle, en entrant en fusion avec les énergies, son mode opératoire, ses cycles, ses codes et ses langages. Nous pouvons établir cette connexion en parfaite concordance avec notre profondeur spirituelle.

Ainsi, nous parviendrons à la maintenir énergétiquement et à la soutenir comme elle nous soutient en retour. Il s'agit de promouvoir l'équité entre tous les règnes.
Nous démarrons un cycle qui nous met à l'épreuve de devenir nous-même. Nous quittons un monde déchu de toute contenance, de tout sens, de tout espoir. Après un siècle en énergie Fer, nous entrons dans l'ère du Diamant qui se structure et nous polit en cette fin d'année 2016, par l'arrivée de différentes vagues cosmiques qui touchent la terre. Ce nouveau cycle intervient pour nous questionner sur la grandeur et la véracité de notre cœur. Nous nous sommes éloignés de l'expression de la vérité, du cheminement, de l'ouverture à soi pour mener une quête de profit.

Nous arrivons tous devant ce grand carrefour des âmes où nous devons capituler devant les Forces de Lumière. Ce grand carrefour solaire marque l'entrée de l'humanité dans un processus de renouvellement et de grand nettoyage : un grand brassage des âmes.

La Terre, dans cette zone de purification, est entraînée à accoucher de ses souffrances pour ne laisser éclater que sa vérité et sa pureté originelle : son cœur diamant. La Terre vit son entrée dans une nouvelle dimension cosmique. Notre système solaire vit sa grande guerre de conscience qui abolit peu à peu l'illusion de notre monde moderne. L'humanité toute entière doit s'investir pour accéder à une nouvelle source de Lumière, à sa nouvelle peau, à sa véritable origine. Elle est obligée de connecter à une nouvelle réalité, à une nouvelle fréquence pour revenir à une profonde restructuration et mutation de ses acquis. Elle doit faire face à qui elle est.

L'humanité saturée par les énergies étouffantes qui se referment sur elle-même arrivera-t-elle à vivre son expansion de conscience ? Arrivera-t-elle à ouvrir le sas qui l'emprisonne pour accéder à sa nouvelle vision du monde ?

2016 touche à sa fin sur cette note d'exaspération, cette séparation nette entre l'ancien et le renouveau, entre le passé et le futur proche, sorte de fracture entre deux mondes, deux courants, comme une déchirure dans le ventre de notre Mère, la Terre.

Nous sommes soutenus en ce temps de grand changement par des vagues de transmissions solaires et codées. Cette lumière apporte à la Terre de nouvelles connaissances pour l'évolution de notre humanité.

Nous sommes nourris de cette pluie cristalline qui descend de notre univers. Nous sommes ici pour nous accomplir, pour dessiner cette année 2017 dont il est question, une œuvre de paix conforme à la source d'amour que nous sommes. Le Monde que nous laissons en cette fin 2016 n'est que le reflet de notre monde de dualité intérieure.

2016 est une année d'achèvement. 2017 une année de commencement dans une ère de tous les possibles, où tous les coups sont permis, en évolution comme en involution.

Avez-vous fait vos valises ? Avez-vous dit au revoir au passé ? Êtes-vous prêts à tourner la page ?

Une page de votre histoire se tourne définitivement. Il est bon de retenir les enseignements du passé mais de ne pas nous enfermer. Il est temps de nous pardonner, de nous donner une nouvelle appréciation, de porter un regard neuf sur nous-même. Il est peut-être temps pour nous de retrouver notre impulsion, de donner une nouvelle orientation, une nouvelle coloration à notre quotidien, d'accéder à une nouvelle conscience du Monde, à de nouvelles aspirations. Il est peut-être temps pour nous de vivre ce nouveau plan d'amour que 2017 dessine à l'horizon devant nous. Elle, cette nouvelle année, nous demande de larguer les amarres pour la rejoindre. Êtes-vous prêts à faire le grand saut ? Etes-vous prêts à ouvrir en grand vos bras pour l'accueillir ? Etes-vous prêts tout simplement à Vivre ?

II

Messages et Guidances pour la Terre

Le "Nouveau Monde"

Qu'entend-on par Nouveau Monde ? Il s'agit d'une montée en puissance de l'Être face à l'extrémisme. Le Nouveau Monde est le reflet de notre monde fractal et multidimensionnel. Il prend l'apparence imagée d'une sève qui nourrit ses enfants entraînant une pousse qui prend racine sur un monde bienveillant et de nouvelles valeurs. Ce Nouveau Monde est en nous et entraîne une révolution de l'être. Cette révolution est possible en prenant connaissance de la réalité de notre Pouvoir universel. Il est construit sur l'espérance en de nouveaux idéaux d'universalité, de paix et de progrès humain.

Nous avons grandi en 2016 pour entrer en cohérence avec Soi. Cette année, les nouvelles énergies nous libèrent et nous obligent à créer les fondations de notre nouvelle humanité. Elles nous imposent de réparer et de reconstruire pour l'avenir. Ces énergies continuent à déconstruire et à libérer tout le fer rouillé de nos programmations mentales du 20e siècle et à libérer la structure physique de la Terre. Face à la grande violence du 20è siècle, nous avons eu la sensation, pour beaucoup d'entre nous désireux de servir, de déconnexion brutale, de fusibles intérieurs arrachés. Cela a pu entraîner pour beaucoup d'âmes sensibles des burn out, des dépressions, des suicides et autres maladies terrestres assez violentes. Nous avons été soumis à un monde sans âme et sans amour dans lequel, beaucoup de ceux qui ont quitté la terre, n'arrivaient plus à se reconnaître ou à se retrouver. Nous avons été reliés à une fausse énergie conduisant à une mauvaise image de Soi et si nous avons connu cette violente déconnexion comme épreuve de conscience, c'est pour nous rappeler qui nous sommes vraiment aujourd'hui. 2017 appelle à un sursaut de l'Âme, à rebrancher nos connexions entre la Pensée, nos actes et notre Cœur pour rétablir l'ordre de la Conscience.

Nous avons donc à revoir notre orientation, notre ligne de conduite, notre système de croyances, notre façon d'aimer, de consommer, de voir et d'imaginer le Monde. Nous avons presque le devoir de renaître dans cette humanité que les énergies déshabillent et que l'on redécouvre sans cesse. Et pour cela, la transition énergétique que subit la Terre va nous aider et va nous porter vers demain.

Nous entrons dans une ère de renaissance où nous mourrons de notre pouvoir matérialiste pour renaître au Divin. Cela peut marquer le début d'un combat spirituel pour l'humanité, un appel à revenir dans le cœur et à se pacifier. Ce nouveau cycle s'annonce beaucoup plus limpide et translucide. Un cycle qui nous demande dès à présent à nous aussi d'être plus clairs avec nous-même et de nous reconnaître comme enfant de la Terre et du Ciel. Nous sommes clairement face à la séparation de deux mondes : un monde en lutte contre un en marche, qui espère et qui crée.

Nous sommes face à une vision judéo-chrétienne : une confrontation des forces du Christ et de l'Antéchrist. Nous avons le choix cette année d'incarner le Salut et le Renouveau ou alors l'inconstance, la perversion et la transgression de nos vertus et pouvoirs divins.

Ce feu solaire purificateur s'exprime et consume les énergies involutives comme une opération de "chasse aux sorcières". Certaines âmes peuvent connaître cette transhumance à travers l'épreuve ou être rattrapées dans leurs actes passés. Elles peuvent diriger leur existence dans cette forme d'auto-sabotage et de rébellion. On peut assister à une sorte de plongeon d'une partie de l'humanité dans la peur. On parle ici de désenchantement.

Ce dernier cycle de 9 ans nous a aidé à percer le mystère de notre âme et à traverser nos ombres composées de ces peurs pour nous montrer sa réelle beauté et bonté. Pour sortir de nos prisons dorées, la bienveillance divine en 2017 nous dit que nous avons à cheminer avec un cœur grand et pur. La Terre nous aide et nous porte vers nos idéaux en nous donnant l'opportunité de nous reconnecter à sa flamme cristalline. Elle nous permet de passer ce cap vibratoire et d'ascensionner avec elle vers notre nouveau paradigme. Nous pouvons être sauvés de notre décadence et visualiser ce feu solaire comme une grâce et non comme un processus de déchéance de notre humanité.

Les prophéties parlent de l'arrivée d'un Messie ou d'un Prophète alors que les énergies nous poussent au-delà de ces croyances à revenir à notre état christique c'est à dire à notre pureté originelle. Nous pouvons tous sortir de ce passage des ténèbres et d'obscurité vers la Lumière. Ce chaos dans lequel les nations peuvent être plongées est libérateur et nous invite désormais à choisir un camp. Il nous déracine pour nous permettre de suivre la voie du cœur. Il nous pousse à nous dépolariser de notre instinct animal. Vous pouvez ressentir cette année le besoin de vous extraire et de vous conformer à vos désirs profonds. Nous avons cette année à monter à bord de l'embarcation, en route vers le Bonheur.

Nous entrons aussi dans un nouvel espace-temps réduit.
Si nous sommes au plus proche de nos possibles mais aussi de la réalisation de nos missions de vie au service du Grand Œuvre, il y a aussi un risque de

saturation énergétique, d'étouffement dans nos sociétés peu enclines à la spiritualité. Nous avons la possibilité pour éviter cela de revoir nos croyances mais surtout notre ancrage à la terre et notre façon de la servir. Il s'agit d'un confinement nécessaire qui nous permet de nous ouvrir à plus grand que Soi, à nous familiariser à de nouvelles connexions humaines en communiquant et en partageant nos savoirs différemment. La Terre dans son changement de fréquence vibratoire nous rebranche naturellement à une nouvelle énergie. Si cela peut ouvrir nos cœurs, il peut aussi modifier notre état d'esprit. Plus précisément, nous pouvons nous découvrir un nouvel environnement social, amical, augmenter notre réseau de communication professionnelle. 2017 nous donne accès à de nouvelles informations collectives qui améliorent notre vision du futur et nous aide à bâtir avec plus d'espérance.

Toutes les activités liées à l'esprit sont favorisées, fécondes et créatrices.
Nous entrons dans une grande ère de réactivation des nouveaux réseaux que nos champs d'esprits peuvent monopoliser. Cette monopolisation nous amène à nous étendre et à nous familiariser avec la toile d'araignée qu'est internet. Il se peut que nous soyons plus libres de nos mouvements et de nos pensées. Dans ce monde qui change encore

insatiablement, 2017 peut créer de nouvelles ouvertures, opportunités, rencontres sur notre route. Il est bon d'ouvrir l'œil sur les possibles qui nous sont offerts.

Nous sommes face à un monde à l'écoute et ouvert. Nous pouvons l'améliorer et trouver des solutions collectives pour un meilleur "vivre ensemble". Cela nous demande de changer de perspective, de vision du monde, de méditer sur les problèmes collectifs et écologiques. Les énergies du renouveau font éclore la jeunesse et les personnalités nouvelles qui sont un espoir de progrès.

L'étoile polaire active et fait descendre les énergies du renouveau sur l'Europe. Nous pouvons compter sur l'émergence des idées ou nous laisser inspirer sur le modèle des pays scandinaves. Elles peuvent créer un bouleversement au niveau des consciences, un choc vibratoire entre deux consensus, entre deux courants de pensées voire climatiques.

L'étoile polaire peut geler des tensions, des accords mais aussi une situation qui se dégrade. Elle permet de réunir autour d'une table afin d'amener aux réconciliations, aux réflexions, aux négociations. L'Europe peut servir de tremplin vers la pacification des esprits mais aussi à équilibrer les dissonances mondiales.

L'activation de l'étoile polaire permet l'ouverture vers la stabilité et le retour de la fluidité dans les échanges. Les énergies ramènent la lumière, permettent d'éteindre le Feu lié au chaos, de nous réconcilier avec l'intelligence du cœur, de rétablir les valeurs d'unicité, de gagner en autonomie, en mouvement et en richesse d'idées. Elles nous aident tout doucement à nous réadapter pour entrer dans un cycle de restauration et de libération des consciences. Ce nouveau mouvement vibratoire peut nous mettre dans une situation d'inconfort sur un plan social mais cela amorce le processus de changement et de mutation profond des esprits. Le froid polaire peut toucher l'Europe.

Un nouveau plan d'amour

Nous entrons en 2017 main dans la main dans cette ronde autour de la Terre. Nous, ses enfants d'amour, sortons de cet esprit de sacrifice et sommes reliés par ce sentiment d'appartenance à notre Mère. Les vagues cosmiques qui se sont succédées tout au long de l'année 2016 ont permis d'implanter les premières énergies du renouveau et d'ouvrir le corps cristallin de la Terre. Ces énergies nous permettent de durer, de clôturer avec le passé dans cette ambiance festive. 2017 permet la résurgence des liens sacrés d'amour. Cette onde positive se manifeste sur la planète et donne l'occasion à chaque être de se retrouver à sa place, dans sa qualité et sa légitimité.

Nous pouvons nous sentir plus confiants, plus assurés, plus solides, dans les liens qui nous unissent à nous-même comme à notre entourage proche. Le temps est à la réunification des âmes. Nous pouvons redécouvrir des liens et renouer avec une famille d'âme. Ce processus de rajeunissement accélère les bonnes nouvelles.

Cette nouvelle année est un plan d'amour propice à l'expansion de notre vibration, de notre cœur, comme l'extension aussi de tous nos possibles. Cette boule de feu incandescente qui explose dans notre ciel peut symboliser la fin d'un chaos intérieur comme extérieur, une activation de notre réel besoin de changement. Cette nouvelle ère nous demande de nous spécialiser c'est à dire de trouver la voie de notre spécialisation pour mieux entrer en résonance avec la Terre. Le temps dont nous disposons nous permet de mieux saisir la fréquence sur laquelle elle grandit désormais. Cette fréquence d'amour nous dit de nous auto-proclamer, de nous auto-libérer, de nous auto-reconnaitre et cela nous demande à ce que nous soyons prêts pour pouvoir partager ce moment avec elle. Si nous sommes encore nombreux à supporter son énergie c'est grâce à ce don d'amour, à cette même reconnaissance et à cette même conscience de la filiation qui nous unit à notre Mère. Cette fréquence d'amour est un éloge au Divin. Nous nous reconnaissons mieux ensemble cette année créant ce lien fraternel qui opère désormais en nous. Nous parlons mieux avec le cœur.

Cette fréquence d'amour nous permet de nous élever vers le "Tout Puissant". Nous mettons fin peu à peu à un processus de limitations et de contrôle des esprits qui nous permet de reprendre à la fois notre liberté créatrice mais aussi nos capacités naturelles à communiquer sur les plans de l'esprit avec tous les règnes. Plus notre cœur s'ouvre et plus notre niveau de conscience augmente.

Nous arrivons cette année à cette rencontre d'amour épicée entre les principes du Féminin et du Masculin Sacrés. La Terre entre dans l'alignement cosmique, en alchimie avec la Nébuleuse d'or c'est à dire la partie la plus cristalline, le cœur du Grand Soleil. Notre système solaire met environ 25.000 années à accomplir sa révolution autour d'Alcyone avant de revenir à son point de départ. Environ tous les 12.000 ans, il est obligé de retraverser cette grande lumière de photons.

Nous entrons dans une ère de rayonnement où l'éclat et la beauté sont mis à l'honneur mais ils peuvent aussi être mis à l'épreuve par la présence des énergies involutives terrestres.

L'âme de la Terre rejaillit comme une montée de lave cette année par l'impulsion de ce feu cosmique pour se révéler dans son éclatante beauté. Il se peut que ce volcan rejaillisse comme une montée vibratoire et impacte les êtres dans leur féminin. La Femme peut révéler son âme de déesse, de mère divine ou de guerrière sacrée. Nous sommes fécondés "in vitro" par cette pépite cristalline qui nous provient du Père de l'univers. Cette rencontre d'amour permet de sentir notre nouveau "soi" à l'intérieur de nous, de laver la femme, de l'aider à s'extérioriser, s'émanciper, à chérir et guérir le monde. Ce feu solaire nous insémine de ce feu doré représentatif de cette nouvelle Conscience qu'est l'avènement de l'Âge d'Or. Nous sommes tous branchés à cette onde miraculeuse. Nous pouvons nous sentir pleinement incarnés dans notre corps. Nous devenons dans cette magie des ponts arc en ciel servant de reliance entre la Terre et le Ciel.

La reconnaissance du Féminin est d'un grand secours pour le Masculin. Cette année, la Femme ou l'Homme portant ce grand fluide de vie peut être au centre des attentions et des discussions. Le Masculin est ce feu qui pétille, qui crépite et apporte cette douce chaleur aux relations. Il peut donner de la Force au Féminin qui fait exploser ses attentes pour passer à l'action. La Déesse Mère peut faire voler en éclat les voiles de l'ego et de l'illusion. Elle peut se montrer virulente dans la défense de son territoire ou de son foyer. Elle peut également faire littéralement éclater les liens ou relations encore enfermées dans notre ancienne matrice.

Le Masculin laisse le Féminin s'exprimer et peut lui donner toute sa place, un rôle privilégié au cœur de la scène mondiale mais aussi sur le plan social. Le Féminin peut reprendre ou fortifier sa place notamment dans les institutions françaises, apporter de la fluidité dans les relations ou dénouer les tensions. Il représente un maillon fort d'une chaîne et peut faire bouger les grilles du pouvoir politique ou financier. Le Féminin participe à la déconstruction de cet ancien monde. Cette partie féminine se manifeste dans notre sacré et peut se montrer impartiale, ferme si elle est décidée à rallumer sa flamme et danser avec le Masculin. Elle est prête à réintégrer sa place. Elle peut faire chuter ses "adversaires" et faire tomber les masques. Cette année le sceau du féminin sacré ramène de l'ordre, l'illumination sur tout ce qui est non révélé. Le Féminin élancé dans son sacré peut avoir de lourdes responsabilités mais elle reste le chef, une clef, un atout dans l'expansion et l'émancipation de l'humanité. Elle peut avoir un grand pouvoir. Les éclipses de lune sont fécondes, plus puissantes encore, surtout pour les personnes désirant un enfant.

La Terre nous amène cette année à la rencontre du Vivant, de son Feu. Le changement qui opère en elle nous touche et nous transforme. Nous assistons au début d'une révolution de la condition de la Femme.

L'activation de la grille cristalline va permettre de nous infuser et d'irriguer les veines et vaisseaux de la Terre, de soigner les contusions et hématomes de son âme. Nous entrons dans un monde asséché, pollué et en désertification de vie. Cette érosion touche tous les êtres et tous les règnes (forêts, eaux, mers, déserts, faune marine) et programme une régénération cellulaire là où il y a pollution, empoisonnement ou assèchement des sols et des fonds marins. L'herbe peut pousser dans les régions désertiques ou l'eau peut apparaître dans des régions asséchées. Il peut s'agir par exemple du début de grandes découvertes et de décisions pour un meilleur respect de la Terre. Un nouveau souffle, une nouvelle impulsion, de nouvelles idées et actions sont données en faveur de l'environnement. Cela permet de reconnaitre dans la matière l'avancée de grands projets dans l'agronomie et de l'écologie. On peut cette année s'attacher à sacraliser, traiter l'eau avec plus de respect ou s'engager à la sauvegarder. Cette énergie ouvre la voie à l'énergie d'abondance et de guérison.

Nous pouvons cette année ressentir cet engagement profond, ce sentiment d'appartenance sacrée à la Terre, cette pleine conscience christique à moins que ce soit une meilleure relation ou une pleine incarnation dans notre corps physique, un profond enracinement, un meilleur ancrage. Vous êtes pleinement vous même !

L'énergie 2017 est authentique et nous demande d'entrer dans notre authenticité véritable. Elle marque la rapidité soudaine des évènements et nous répète qu'il est temps de coopérer avec la Nature et tous ses règnes afin de l'embellir, créer de la bienveillance et de l'abondance. La guérison de la Terre n'est pas possible sans nous, sans avoir renoué avec notre identité sacrée. 2017 est une phase de reconstruction importante où l'on doit recoudre, réparer telle de la chirurgie reconstructrice la surface du monde défigurée par la souffrance des conflits et des guerres. Les artisans de paix ont à recoudre cette déchirure dans le ventre de notre planète.

L'émergence du Féminin sacré ne peut être sans sa réactivation. Dans ce passage cosmique, la Terre active sa guérison. Notre pays reste protégé par notre

Déesse Mère. Celle-ci nous demande d'entrer dans notre rôle de guérisseur afin de rallumer la torche du Sacré. Pour cela, elle nous dit que la guérison de l'humanité n'est possible qu'à condition de réactiver les "3 cœurs de Marie" ou les 3 flammes du Féminin Sacré. L'humanité peut sortir de son côté yang destructeur et s'acheminer vers sa véritable lumière. En réactivant ces codes du Féminin, nous pouvons tendre vers l'harmonie, soigner, guérir les pires fléaux et maladies qui touchent déjà ce siècle.
Nous avons à activer nos "Mains d'or", à prendre conscience de notre évolution spirituelle et de l'importance de nos mains. Nous sommes missionnés pour prendre soin et relever ce monde. L'âme de la Terre nous impose de retrouver notre dignité et appose ses mains pour que nous retrouvions notre Salut. Nous sommes amenés cette année à comprendre la souffrance qui relie la Terre et les Femmes.

L'activation de la grille cristalline nous permet de ré ouvrir notre canal divin ou de mieux comprendre les manifestations divines ou d'en donner un sens. Ces énergies viennent affûter notre verbe, la compréhension de notre monde interne et spirituel pour créer une plus grande résonnance avec l'univers. Nous pouvons recevoir des nouvelles connaissances ou nouveaux enseignements portant sur notre ouverture terrestre. Nous pouvons avoir la sensation de recouvrir notre âme, de ressentir son appel à servir, à nous engager. Nous pouvons entrer profondément en osmose avec notre identité spirituelle. 2017 amorce un changement linéaire dans la guérison de notre passé.

Nous avons à accepter cette transformation cellulaire, accepter de vivre pleinement cette illumination, notre corps à l'état christique. L'humanité peut faire un grand saut dans la Lumière. Cette année 2017 nous inculque les bons gestes et les pensées meilleures. Elle nous enseigne comment cultiver notre jardin dans un nouvel état d'esprit avec plus d'ouverture. Nous entrons dans notre nouvelle terre défrichée et conscients de notre changement intérieur en posant un regard neuf sur soi.

Concourir à la Paix

2017 s'ouvre sur ce *rideau de fer* qui entrave la perception de notre nouveau monde. Dès le mois de février, ce rideau s'ouvre pour faire la lumière sur notre humanité comme un torrent d'eau sacré sur nos têtes. Ce torrent dissout et lève les voiles de notre insoumission mais aussi de notre illusion. Il nous fait gagner en fraîcheur, en engagement, en retentissement positif de situations bloquées. Nous pouvons avoir la sensation d'être sacralisés dans notre être véritable comme lors d'un baptême annonciateur de renaissance.

Ce rideau de fer marque un monde en opposition qui, si on accepte de l'ouvrir, nous montre la voie de la réconciliation et nous offre l'espoir d'une paix proche. Il symbolise l'opposition de notre monde mais aussi de nos forces en opposition à l'intérieur de Soi. Ce rideau de fer peut représenter aussi le clivage humain, entre ceux qui ont choisi de rester dans la fermeture et ceux qui ont réussi à créer l'ouverture et trouver leur voie. Certains se donnent en spectacle et règlent leur conflit publiquement tandis que d'autres font humblement leur début en tant qu'acteurs du Renouveau. Nous entrons dès janvier dans une ère plus Juste. Cette eau sacrée qui coule sur nous permet la libération des informations et des vérités. Nous pouvons penser à la sortie d'un carcan, d'un gouffre, d'un système notamment sur le plan économique.

Les énergies 2017 annoncent l'accroissement. C'est peut-être le moment de régler nos dettes, de conclure un marché, signer des contrats, de recevoir un meilleur rendement de nos biens, de nous assurer un meilleur revenu. Il se peut que nous sortions définitivement d'un processus étroit et enfermant. On peut s'attendre à un accroissement de notre bien-être ou alors à une véritable flambée, sorte d'insurrection de conscience.

L'entrée dans ce nouveau monde marque aussi le début du combat pour retrouver notre identité spirituelle. 2017 comme nouveau cycle est une année de souveraineté. Cette phase de reconstruction profonde de nos valeurs peut impacter un individu, un territoire, une institution, un pays comme le monde entier. Nous sommes poussés à agir pour reprendre notre véritable identité, pour ne plus mentir, pour entrer en cohérence et en conformité avec notre âme. Il peut s'agir également d'un combat pour nous reconstruire, nous retrouver, pour rester en vie dans un environnement hostile et asphyxiant.

2017 est une année de choix et de combat spirituel pour être respecté en tant qu'Être d'Amour véritable. Le combat se fait dans un mouvement de paix ou de luttes intérieures en fonction des choix que nous ferons responsablement. Nous avons à revoir notre ancrage à la Terre non plus dans la notion de Servitude mais de Service, d'Avoir mais d'Être, de Matériel mais de Vivant. Cette dualité amène la mise à l'épreuve de l'humanité et nous demande de *"concourir à la paix"*.

Nous pouvons avoir l'impression cette année de transcender notre dualité intérieure, d'avoir compris quelles sont nos failles et nos peurs. Le contexte énergétique de cette année 2017 nous fait pleinement descendre en soi, comme une sorte de retournement intérieur face au bruit abrutissant du monde. Il permet de nous laver et de nous "lover" dans la chair pour en finir avec un sentiment d'abus inconscient mais aussi de lever les doutes et tous phénomènes d'accoutumance à la pesanteur de notre monde passé.

Ce retour intérieur est un peu comme un exode des âmes à vouloir reconnaitre pour elles ce qui est juste. Il peut être difficile s'il est vécu avec acharnement. Pour certains, il peut se vivre violemment, percutant, assourdissant comme des bombes venant percuter notre âme.

Dans ce passage, nous pouvons nous sentir à "fleur de peau", être comme une "passoire énergétique". Pour cela, pensez à limiter votre exposition aux ondes qui affaiblissent nos défenses.
Ce "retournement intérieur" est une sorte de "big bang" qui réactive notre retour à la source. Cela nous amène à repartir à zéro et à nous focaliser sur l'avenir. Nous sommes vidés de toute substance pour apprendre à nous transformer. Vivre son big bang, c'est vivre ce mouvement intérieur qui nous amène à la joie et à la transcendance de l'être. Nous basculons dans le vrai, le beau et le subtil. Cet équilibre nous permet de nous brancher à notre pureté originelle et de nous harmoniser sur une nouvelle fréquence vibratoire. Ce basculement nous demande d'entamer

un jeûne de la pensée et une décontamination énergétique dans ce passage entre 2016 et 2017 pour pouvoir aborder ce nouveau cycle proprement.
Cette nouvelle année marque définitivement le divorce ou actionne un processus de décontamination de nos liens avec ce que nous avons pu être par le passé.

Nous sommes dans un présent qui nous correspond enfin ! Nous repartons à bord d'un nouveau véhicule doté d'un beau moteur qui nous donnent de la force et de l'entrain. Le moment est peut-être venu aussi de faire un bilan de santé ! 2017 est un appel à la clarté, l'alchimie avec notre être véritable. Cette année continue à nous tirer vers le haut, à extirper toute l'humanité vers son ascension. Nous avons besoin de couleurs, de joie, de vie pour comprendre ce que nous avons à bâtir. 2017 est une année de retournement complet de notre situation et de nos perceptions de vie. Nous avons tout à réapprendre de nos concepts et de nos schémas.

Pour d'autres qui ont déjà fait le cheminement intérieur, il s'agit d'un sentiment plus intensément doux. Ce peut être un retournement intérieur où chaque chose, chaque contraste se remet délicatement à sa juste place au fond de soi. Ce peut être une illumination de votre mode de pensée, un retour conflictuel que vous viviez intérieurement qui aboutit à la paix, un travail qui paie, un retour à la simplicité et au Bonheur dans la fluidité.

Ce basculement intérieur nous demande d'entrer en résonance et en cohérence avec soi. Il se peut que l'être divin entre dans sa mission de vie. Nous sommes appelés à vivre notre exemplarité et notre humanité dans notre appartenance au Vivant. En pilotant notre incarnation en parfaite ouverture aux enseignements de la Nature, nous nous frayons un chemin vers la découverte de notre vérité originelle. La Terre permet de nous restituer toute sa force. 2017 est ce retour aux sources qui accroît tout notre potentiel à condition de ne pas se diviser en deux comme ce que nous montre aujourd'hui la face cachée et sombre de notre humanité.

Ce nouvel espace-temps s'élargit pour nous laisser le champ libre, nous faire de la place pour guérir, pour nous projeter dans l'avenir, pour créer authentiquement. Une voie libre et fluide comme une autoroute de privilèges et de facilités nous est proposée afin que nous nous adaptions au mieux aux changements actuels. 2017 est ce nouvel espace-temps vidé de substance qui nous offre la possibilité de nous recréer, de nous réorienter, de nous modifier. En soi, c'est comme si notre ventre, siège de notre matrice et de nos émotions, avait subi un profond nettoyage, une purge de nos démons existentiels. Ce nouvel espace-temps à la lumière limpide nous offre le contraste entre le passé et notre présent désormais. Cette énergie nous permet de mieux ressentir notre corps physique, une aisance dans nos mouvements, de mieux bouger, de sortir de nos attentes, de jouir d'une situation plus confortable.

Malgré ce phénomène de "tout possible", une grande vigilance de l'esprit et une attitude de rectitude s'imposent face à la présence de forces qui s'entrechoquent entre l'ancien et le renouveau. Ces forces peuvent nous faire vaciller, nous destituer ou nous malmener émotionnellement.

Dans ce carrefour des âmes et dans cette quête d'unité, il nous est demandé d'entrer dans une sorte d'hibernation, de nous aimer dans notre plus petit espace au fond de soi. Ceci pour acquérir notre indépendance, la force dans notre fragilité et vivre ce nouveau réalignement intérieur sereinement.

Ce mouvement de paix qui s'instaure nous aide à conclure avec ces énergies de guerre, de lutte et à franchir ce cap autodestructeur. Nous sommes amenés devant un carrefour des Consciences où nous avons le choix de nous élever ou de régresser.

Il nous oriente vers une prise de décision ferme, nous amène à sauter le pas, à faire le saut dans ce grand vide nécessaire pour se retrouver et quitter définitivement la toxicité de l'ancien.

La force et la puissance des énergies de 2017 nées en 2016 activent une tornade et détruisent tout sur leur passage comme le déferlement d'une nouvelle pensée qui balaie le Monde de son ineptie. Nous allons pouvoir ressentir les effets de cette tempête jusqu'à octobre. Cette fin de règne est transmutée, déconstruite. Il y a un risque d'occlusion de la Pensée, d'explosion de la conscience comme si une situation avait trop duré. On met fin cette année à l'escalade d'un conflit, de la violence, d'une situation qui prend de l'ampleur et peut se répandre comme un virus.

2017 est ce drapeau blanc qui demande un accord de paix et marque la fin des hostilités, le début de négociations ou de trêves sur le plan international.

Cette situation peut retentir individuellement comme un défrichement des consciences. Notre mental est assaini, nos corps allégés. La Terre est ensemencée de la graine de l'espérance. De nos consciences, vont naître les espoirs, la fin d'un règne, d'un épisode douloureux.

Dans cette ronde angélique 2017, nous permettons à la Terre de réunir ses forces, de maintenir son énergie de fécondité et d'abondance, de la protéger de tout sacrifice faite à son âme, cette Déesse. Nous passons tous ensemble, main dans la main, ce nuage de brouillard. La Conscience de l'humanité se réveille et révèle son plan d'action.

Nous entrons dans une phase d'éveil qui oblige à se redécouvrir mais surtout à se redéfinir. Nous avons à nous réaligner et à entrer en conformité avec cette nouvelle terre, sorte de semence divine que nous portons en nous.

Nous sortons de l'illusion et des grilles du pouvoir dans lesquelles nous étions maintenus. Si 2016 a cassé les structures de nos conditionnements, 2017 nous donne la possibilité de nous extraire de cette ère de "saturnisme", d'éliminer les déchets qui rouillent notre corps et souillent notre âme. Une purge est légitime pour aider les âmes à s'alléger, à maintenir un cap de conscience et leur permettre de tenir dans les nouvelles énergies d'amour de 2017.
Ce changement d'état d'être vient modifier tous nos mouvements. Il se peut que nous devions nous réadapter, nous mouvoir dans une autre peau telle une mue de serpent. La Terre entame ce retournement intérieur qui appelle à l'aide toute l'humanité à se retourner avec elle.

III

Votre année vibratoire 2017

- Algorithmes 2017

Qu'est-ce qu'un algorithme ?
Selon la définition, un algorithme est une méthode générale pour résoudre un ensemble de problème.
En se connectant au système numérique de l'univers, nous pouvons avoir accès à des données non pas en tant que valeurs numériques telles que nous les connaissons sur terre, mais de façon fractales et codées, c'est à dire sous différentes figures vibratoires. Une fois assemblées et emboîtées, elles donnent un résultat d'informations dans la matière conformément à ce que notre cerveau humain peut comprendre. Les résultats peuvent être plus poussés et approfondis selon l'orientation que nous voulons donner à nos recherches pour l'obtention de réponses plus précises.

- Analyse de l'année en combinaison 20/17

La combinaison 20/17 réalise tous vos souhaits et porte chance. Vous pouvez cette année planifier, faire vos vœux, émettre vos intentions, opérer dans la matière, passer à l'action.

Même si elle est rêveuse, elle permet de trouver une voie de secours ou une bouée de sauvetage. Plantez vos graines ! la fréquence 20/17 est un terreau fertile et fécond. Très maternelle, elle est ronde comme la Terre et la Lune qui nous poussent à ensemencer dans le respect de ses cycles. Elles nous regardent grandir.

L'année 20/17 est complice de notre évolution. Cela concerne un nouveau cycle d'amour bienveillant où nous recevons d'excellents influx stellaires. L'amour maternel peut valoir des satisfactions, d'heureux dénouements familiaux. La mère, celle qui porte le Monde, est mise à l'honneur et peut être sacralisée. Elle est porteuse d'espoir et de bonnes nouvelles. Nous avons l'appui fécond des Ancêtres Femmes, gardiennes de la Terre. Sur un plan général, nous bénéficions d'une grande protection de notre Mère Cosmique. Elle entre dans la cadence des nouvelles énergies et nous révèle l'ampleur de la tâche à accomplir mais aussi les dégâts que nous avons subis dans notre cœur. Elle nous pousse au bilan et nous révèle nos blessures d'âme. L'année 20/17 est cet esprit maternel qui nous pousse à plus de communion et à plus d'actions solidaires. De façon imagée, elle nous donne le sein, nous allaite de bienveillance et de joie communicatrice. La rondeur de l'amour maternel nous enveloppe pour introduire un nouveau plan de paix. Nous concourons à la paix en entrant dans ses hautes fréquences du cœur. Nous entrons à travers elle dans comme des êtres des étoiles dans nos véhicules de Lumière.

La combinaison 20/17 est une communion d'amour universel à celle ou celui qui veut tendre la main à l'autre. Elle nous parle de solutions, de dénouements positifs, de situations heureuses. Toujours de façon imagée, il s'agit d'une contraction de l'utérus universel qui malgré sa douleur, nous pousse à regarder la Terre, à chanter avec elle, à recevoir ses enseignements. Elle nous incite à grandir avec des yeux d'amour. Il s'agit d'une communion avec le Feu qui apporte la balance et l'équilibre.

La combinaison 20/17 demande de savourer pleinement notre existence, nous soustrait à tout ce qui fait mal. Elle nous dit que l'amour ne fait pas mal. Elle est une phase d'intense guérison pour l'individu qui souhaite recoudre ses plaies.

Nos Ancêtres nous invitent à nous asseoir auprès d'eux afin de contempler la beauté de la Création. Ils nous disent que nous pouvons être aidés et dirigés dans nos belles actions. Nous pouvons ressentir une intense réunification dans nos cœurs. Si vous arrivez dans cette fréquence 20/17 complètement vidés, cette énergie vous recharge et vous remplit. Ce peut être l'image de ce sablier que l'on renverse comme pour nous retourner la tête ou nous montrer que nos cœurs sont vides.

La fréquence 20/17 nous montre la voie du retour à des valeurs plus saines et pérennes. Elle peut être une grande année de guérison par l'amour de notre mère cosmique.

La fréquence 20/17 commémore la Mémoire des plus grands ainsi que celui de nos Ancêtres ou de disparus. Il s'agit d'une élévation de la noblesse du cœur ou une reconnaissance de ceux qui ont fait le sacrifice de leur vie, ont servi avec don de soi ou ont marqué l'histoire par leur intelligence.

On peut s'attendre à des départs de grandes âmes, de belles personnalités, "d'étoiles "qui brillent intensément désireuses de tirer leur révérence sur Terre. Cette combinaison annonce les grands adieux, les "au revoir" à la communauté. Elle nous dit de ne pas nous retourner tristement sur notre passé. Vous êtes aimés. Poussière d'étoiles vous êtes, poussières d'étoiles vous resterez !

- Analyse de l'année 10

L'année 2017 marque l'entrée dans un nouveau cycle de 9 ans. Par réduction, 2017 donne le chiffre 10.

L'année 10 est une roue libre qui accélère le processus de changement. Les énergies sont soumises à une rapidité cosmique. Le chiffre 10 permet une restauration du temps telle une grande roue universelle qui met en place un processus d'auto-guérison de notre système solaire, mais aussi sa remise en ordre.
La roue 10 nous demande de nous aimer, de trouver la quiétude intérieure. Elle nous entraîne haut, nous élève et nous demande de ne pas paniquer pour nous permettre de cheminer et de voir en grand le paysage de notre future destinée. Elle nous prépare à un grand changement sur terre. Cette roue balaie et procède à un grand nettoyage cosmique. Elle annonce de grandes tempêtes dans notre ciel et nous dit qu'il est temps de faire le ménage dans notre existence pour laisser entrer le renouveau. La roue 10 appelle à la Tempérance, la singularité, la sagesse face à son extravagance. Elle nous place comme facteur de renouveau dans un monde qui comme elle, court à vive allure dans sa démesure. Elle nous aide à créer en fonction de notre énergie, de nos actes et pensées et nous pouvons calmer, canaliser son

énergie folle et exubérante. L'année 10 nous amène à un rétrécissement de nos anciennes pensées. Elle réduit un temps qui se nécrose pour entrer à partir du 10.10.10 dans une nouvelle étape de consolidation.

Cette roue peut décimer sur son passage une entité, une structure, un pays telle une vague déchaînée qui déferle par surprise. Elle peut terrasser par la puissance de son onde. Par sa force, elle peut surprendre par l'apparence d'un tsunami ! Cette roue est vaillante et expansive. Il est important de fermer les portes des énergies involutives pour ne pas causer plus de pertes et de dégâts.
L'année 10 est une période graduelle et ascensionnelle. A partir du 10 janvier jusqu'au 10 octobre 2017, nous sommes dans un passage qui accélère nos projections de conscience. Telle une montée de sève, nos intentions, nos pensées, nos demandes peuvent prendre une proportion démesurée dans la matière par la puissance voire la violence des ondes émises par l'énergie 10. Pensez à créer votre vie cette année ! Vous pouvez obtenir des résultats rapides et gratifiants. N'ayez pas peur de vous placer dans votre avenir. Cette grande roue nous appelle à la grandeur. Toutes les graines que vous plantez en ce mois de janvier peuvent grandir démesurément dans les 10 mois à venir ! Nous

sommes face à une année magique et la roue 10 nous invite à croire en tous les possibles !

Cependant, elle nous prévient de la nécessité à défricher notre terre, d'en prendre soin si on ne veut pas que la maladie, les ronces, les racines prolifèrent, viennent étouffer la conception et entacher la perception de notre nouveau monde.

Il s'agit ici de mettre fin à un processus involutif de nos croyances. En fonction de celles-ci, la roue 10 nous dit que nous avons tout juste ou tout faux, nous plonge dans le tout blanc ou le tout noir. Elle est ce magicien qui peut faire le bien comme le mal en fonction de l'énergie qu'il émet sur la Terre. Nous avons la responsabilité de cette baguette magique qui peut faire basculer la face du monde. Nous avons la possibilité cette année d'orienter nos choix pour l'avenir de notre civilisation. L'année 10 est une année charnière pour le devenir de l'humanité ! Elle nous fait prendre le bon ou le mauvais chemin. Nous avons à prendre conscience de nos actes. Elle nous demande de les planifier pour donner du sens et une orientation à notre destinée.

La roue 10 permet l'excellence dans nos choix si nous voulons construire humainement. Si non, elle peut nous écraser et nous enterrer littéralement. Elle est intransigeante. Elle soulève et retourne le poids de nos croyances mais aussi des "machines" qui gouvernent ce Monde. A nous de lui montrer la force de notre cœur pour lui faciliter son passage ! Elle nous montre par conséquent le monde de nos valeurs, la pénurie d'amour dont nous sommes victimes ou responsables.

Cette roue 10 a besoin de nous pour comprendre quelle direction donner au futur de notre humanité. Elle nous tend la perche et nous dit qu'elle peut nous amener haut, vers nos idéaux ou à défaut nous faire retomber brutalement pour nous faire recommencer tout à zéro. La fréquence 10 est un boomerang, un revirement de situation. Tout revient par la force de la manière où nous avons conceptualisé et crée notre vie. Elle nous renvoie exactement là où nous en sommes dans notre cœur. Elle peut être une alliée ou son contraire si nous désirons continuer à mener une existence sans conscience et sans grandeur. Cette force 10 est insoumise et peut aider la terre à se ruer contre la domination et la course au pouvoir.

Sa force d'abondance peut être inépuisable à condition que nous soyons dans la réceptivité de ce flux. Nous avons à provoquer nous-même cette abondance grâce à nos esprits de bâtisseurs. Cela nous demande de cesser le contrôle que nous exerçons sur la Terre. Elle prédestine au futur, à l'accroissement de nos biens et de notre réalisation.

Elle permet la manifestation de notre Vérité dans la matière mais aussi d'être reconnu pour notre grandeur d'âme.

- **Analyse de l'année 1**

La fréquence 1 est l'onde du renouveau.
Elle nous entraîne et nous donne la puissance de l'émerveillement. Grâce à l'impulsion de la roue 10, elle nous amène vers l'unité, un espace bien plus haut et bien plus stable. En somme la fréquence 1 nous montre la vibration à atteindre cette année.

Cette fréquence nous permet de passer un cap de transformation et nous fait repartir à zéro, à neuf. La fréquence 1 peut être un retour à soi dans la matière mais aussi vers la Lumière. Elle symbolise la positivité. Elle nous pousse à croire en des lendemains plus chanceux.

L'année 1 est une ode à la vie, elle nous force à poursuivre sur le chemin. Elle annonce le retour du printemps et le bourgeonnement des fleurs. Pour pouvoir grandir, la jolie fleur doit ouvrir en grand ses pétales pour absorber la Lumière. Le processus d'éclosion est lent, long pour certains, mais ce nouveau cycle qui débute entraîne et nous pousse en avant. Il est difficile pour cette fleur de ne pas succomber à l'attractivité du soleil. Cette fréquence 1 nous invite à prendre soin de notre fleur intérieure. On nous demande de nous focaliser sur l'ouverture de nos pétales et de nous laisser infuser par ce rayonnement solaire. Arrosez-la, nourrissez-la, donnez-lui de l'amour. Vous êtes cette fleur, prenez en soin !

Prenez soin également des personnes qui partagent votre vie, relevez leurs capacités, leurs valeurs, encouragez-les ! Il est temps de dire aux gens qui comptent que vous les aimez sinon la fleur peut faner. Jamais la puissance d'amour n'a été aussi forte. La fréquence 1 est un temps pour se donner de la force, un temps pour dire et exprimer et ne rien retenir. Ce temps nous est donné pour mettre à plat, pour mettre des mots ou nos maux existentiels à la Terre. La fréquence 1 délivre la puissance de l'amour universel. Nous aurons sans doute mille choses à faire cette année mais la seule qui importe est celle des liens qui nous unissent. Elle met en valeur des valeurs d'unité, de reliance, de paix. La fréquence 1 met en avant l'éclosion des sentiments. On peut assister à des mariages, à la signature de nouveaux pactes et contrats, à des regroupements ou retrouvailles entre familles d'âmes. Tous ces liens sont féconds.

Jamais la puissance solaire n'a été aussi forte. Elle nous fait briller authentiquement.
La fréquence 1 met en avant ce soleil. Il s'agit d'un retour à la Lumière qui met fin à l'obscurantisme. La lumière se focalise sur nous comme un projecteur et nous éclaire. Elle rallume le Feu, le Vivant, la Conscience. Le soleil brille dans cette nouvelle fréquence et apporte le succès à nos entreprises. Nous avons multiples aventures et joies à vivre avec ce soleil cette année. Il peut faire sauter les anciennes grilles ou causer différentes explosions sur le plan cosmique. Il peut être impétueux et accroître son développement. Il peut causer des ruptures, des contrats, désinhiber, mettre à nu. La fréquence 1 permet de restaurer la flamme solaire qui se réactive généreusement dans la matière et vient réveiller le féminin sacré. La fréquence 1 marque un retour à la guérison de nos croyances. Il s'agit d'un retournement de nos croyances pour vivre en harmonie avec la Terre.

La fréquence 1 donne de la couleur, de la vivacité à notre paysage. Attention cependant à tout ce qui brille et peut vous faire décrocher de la réalité, de votre position, de votre intégrité. Elle met l'accent sur le paraître, le jeu, l'immaturité, les illusions. Cette fréquence 1 peut mettre en avant la jeunesse et les nouveaux talents. Elle nous donne notre première chance et marque les débuts de nouveaux projets. C'est le moment de débuter de nouvelles entreprises.

L'année 1 nous reconnecte à soi et nous amène vers de nombreuses prises de conscience. Ces reconnexions nous permettent de nous réajuster à la fréquence solaire. Nous recevons comme des décharges électriques. Elle augmente la fréquence cardiaque de la terre dans ces passages d'activation. La fréquence 1 prévoit donc le réajustement énergétique. Elle nous aide à retrouver une mesure, un tempo. Elle nous invite à entrer dans la danse avec le soleil pour retrouver notre dynamisme ou une meilleure conjoncture sociale.

Cette année "parachute" nous fait tomber et redescendre à la terre. Cet effet "parachute" nous dit qu'il est temps de cesser de rêver et de nous mettre dans l'action pour nous accomplir.
La fréquence 1 peut nous amener à faire le tour du monde mais aussi le tour de notre chaise si nous ne parvenons pas à nous réveiller. La fréquence 1 est un nouveau départ, une quête vers un meilleur. Elle peut indiquer un changement de vie, un nouveau cap. Elle peut nous remplir voire même nous faire déborder. A nous de nous ménager et de ne pas nous laisser submerger par la vague émotionnelle. La fréquence 1 nous dit que nous choisissons de remplir notre réservoir qu'est le présent de notre existence. Elle

émet ces ondes vers l'univers tel le sonar d'un dauphin pour que nous soyons accomplis. Cette fréquence est extrêmement puissante. Prenez le temps de transmettre tous vos vœux à l'univers dans ces passages clefs en 1 ! De nouveaux codes arrivent sur un plan cosmique ce qui permet de nous identifier et de nous relier avec nos familles d'âmes. Ces nouveaux liens sacrés permettent de contracter de nouveaux vœux ou pactes spirituels, d'agrandir nos connaissances et de créer une nouvelle force autour de la terre. On peut s'attendre à des mouvements migratoires et vibratoires importants.

Dans cette fréquence en 1 tout peut prendre un sens en fonction de ce que nous émettons, nous dirigeons dans nos intentions. Cela peut avoir un impact plus dynamisant dans la matière. Cette fréquence 1 nous demande de rester aligné aux lois divines et de ne pas aller vers la transgression de nos vertus.

- Analyses personnalisées

Pour connaître la personnalité d'un sujet et son chemin de vie, nous additionnons habituellement le jour, le mois et l'année de naissance.

Ici présentement, pour connaître la vibration de votre année 2017, il vous faut additionner uniquement votre date et mois de naissance. Par exemple, pour un sujet né le 24 mars (1969), il vous suffit d'additionner 2+4+3= 9. J'ai ainsi analysé la combinaison de ces résultats avec l'année 2017 c'est à dire l'année en 1 (2+0+1+7 = 1). Pour connaître la vibration d'un jour particulier en 2017, il vous faut additionner le jour et le mois de l'année en cours ainsi que la vibration de votre année 2017.

Par exemple, pour connaître la vibration du 28 avril 2017, il suffit d'additionner le 2+8+4+9=23=5. Vous pouvez ainsi vous rendre dans l'espace de "l'esprit 5 en année 1" pour connaître la vibration de votre journée. A vous de jouer !

L'esprit 1 en année 1

2017 rallume le Feu !

2017 est une année d'achèvement qui le transporte sur l'autoroute de la Vie et l'amène à ses propres conclusions. Cette fréquence peut le plonger rapidement dans le bain et lui offre peu de répit cette année. Sa présence peut être "fracassante" et révélatrice de mieux être.

Il est déterminé et prêt pour cette nouvelle ascension ! L'énergie du 1 est toujours dans les startings blocks. Il fonce. Il peut être ce sauveteur prêt à voler au secours de tout le monde. On a du mal à le suivre tant il déborde d'énergie et d'assurance.

Cette année, la vie lui donne le feu vert pour s'émerveiller. Il sort de la déprime, de la grisaille de son ancienne matrice et il renoue le dialogue avec son soleil intérieur. Le Ciel s'ouvre sur sa tête comme pour l'illuminer, lui tendre la main ! La complicité est forte, notamment avec la figure paternelle.

Après une année en 9 dans le brouillard, il coopère avec le changement. Il est décidé à regarder devant lui. Ce Soleil lui demande cette année un peu plus de maturité. S'il a pu avoir besoin des autres, s'il s'est senti dépendant, 2017 l'aide à renouer avec confiance et altruisme en ses possibilités. Il est prêt cette année à faire le grand saut et à cheminer seul. Il est prêt pour la grande aventure. Il va enfin s'apporter à lui-même de façon juste ! Il arrive à ce point culminant de sa Montagne Sacrée où il a désormais toutes les cartes en main pour créer à sa guise. Il exploite ses talents de communicants et de créateurs.

Son esprit cosmique est respirant. Il peut respirer à plein poumon, imaginer et créer l'avenir du haut de sa montagne. Dans le travail, il apprend à déléguer. Il se peut que l'année vibratoire 2017 lui demande de prendre du recul, de la hauteur. Il accepte de répartir ses tâches. L'énergie du 1 en année 1 est débordante et fougueuse. Il peut être un Guide. Il ouvre et montre la voie aux Hommes de bonne volonté. Il possède la vision du futur. Il peut renouer avec son pouvoir de chef, de leader qui peut être en Lumière.

Sur un plan spirituel, l'être 1 peut se découvrir "facteur céleste", posséder un don dans la transmission, servir de relai entre le visible et le non visible. 2017 met l'accent sur de nouvelles connexions à moins qu'il s'agisse d'une reconnexion à son âme. Il peut étendre sa force, son charisme ou son magnétisme. L'année 2017 permet aux êtres 1 d'agrandir leur champ de vision. Ils s'ouvrent en grand à travers de nouvelles perspectives d'avenir. Les opportunités sont puissantes s'il fait preuve d'autorité et de maîtrise. Il donne la mesure tel un chef d'orchestre. L'année 1 peut vous faire découvrir mille et une facettes de ses possibles. L'être 1 est ce vortex qui tourne sur lui-même pour activer la bonne fortune. L'année 2017 pourrait être puissante en activation.

L'être 1 est maître de son destin et peut se transformer en Magicien autour de lui.
Il fait renaître l'espoir, fait redémarrer les projets puis il les met en avant. Il peut se sentir catapulté. Les manifestations sont nombreuses et il doit se révéler sur sa véritable nature. Les coïncidences sont fortes.
L'ouverture du cœur cette année l'amène à des prises de consciences très élevées et prises de responsabilités importantes voire déstabilisantes. Dans la symbolique, il peut descendre ce grand toboggan de la vie à vive allure pour plonger dans le grand bain. Il retrouve la joie d'une nouvelle motricité physique, un nouvel état d'être dans un nouveau corps à moins que ce soit une sensation d'allègement et de fluidité physique. Les célibataires peuvent expanser vers la joie du célibat heureux tandis que les amoureux peuvent s'emballer ou aller trop vite. L'expérience de l'amour est le plus beau des cadeaux ! Il peut manifester de la tendresse pour les âmes vulnérables, s'attacher à ces petites choses auxquelles il ne s'attachait guère dans le passé. Si

l'année 2016 s'est déroulée dans la rêverie et la contemplation, 2017 est féconde, vous fait passer à l'action et à la vitesse supérieure. L'attention sur les personnes âgées est à favoriser.

Agissez en conscience pour ne pas succomber à l'épuisement de vos forces ou à la dispersion. Gardez les pieds sur terre ! C'est le bon moment pour grandir vers qui vous êtes vraiment. Vous amorcez cette année une belle renaissance. Vous pouvez faire naître les grands projets que vous gardiez en sommeil. Votre cœur peut s'emballer facilement. N'agissez pas sur un coup de tête ! On vous demande le plus grand respect pour vous même.

L'esprit 2 en année 1

Un cœur vaillant !

Une nouvelle année ascensionnelle et vertigineuse pour ces bâtisseurs prudents et méfiants qui ont besoin de toucher leur terre pour s'exprimer. Il se peut que cette année 2017 leur en demande un peu plus que ce qu'ils ont fourni en 2016. L'être 2 a besoin d'être accompagné de personnes innovantes, qui n'ont pas peur. Le soleil de l'être 1 vous fait du bien. Il arrive éprouvé par les énergies rapides de cette nouvelle année mais il respire mieux. 2017 est une bouffée d'oxygène pour ses projets. Le rendement excessif peut le mettre à plat.

Les énergies de 2017 permettent à l'esprit 2 de renouer avec le petit enfant intérieur et de lui recréer un espace d'amour, plus sécurisant et plus chaleureux à moins que cela lui permette de retrouver son intériorité. Les énergies maternelles de cette année 2017 permettent à l'enfant de se décomplexer, l'aide à s'accepter, à s'attacher à sa beauté, à sa morphologie ou à se métamorphoser. Cela peut concerner aussi les problèmes liés à l'adolescence : boulimie, anorexie, acné. Les énergies 2017 peuvent aider l'esprit 2 à passer ce cap "boutonneux".

Ce nouvel espace de vie peut être aussi un lieu chaleureux dans lequel il peut aimer jouer, créer sans crainte et renouer avec son âme d'enfant. L'esprit 2 peut s'initier à la décoration ou au Feng shui. 2017 le fait "ronronner" et lui permet de retrouver une stabilité. Il aime observer la vie passer dans la sécurité de cette bulle. 2017 peut le faire bouger, changer de lieu de vie pour le mettre à l'abri. Cette insouciance et cette légèreté peuvent l'amener sur du concret, sur la voie de l'autonomie et de l'ensemencement. Cette année 2017 vient créer la balance et l'équilibre pour les esprits 2.

2017 est l'occasion de retravailler sa crédibilité. Il peut porter encore des fardeaux sur le dos et l'être 2 mérite toutes les attentions. Il doit prendre le temps de ralentir, de suivre la rondeur, le mouvement circulaire des énergies de notre Mère cosmique mais aussi de ses émotions. Il doit s'apporter écoute et douceur lorsqu'il est chahuté émotionnellement. L'esprit 2 a besoin de renouer avec l'esprit maternel à moins qu'il ait besoin de regagner le sein de sa mère, son esprit nourricier. Il peut être à fleur de peau !

La Femme peut ressentir ce besoin de rondeur et de maternité. Elle peut passer un cap d'enfant rebelle et retrouver sa nature angélique. L'être 2 doit se rencontrer, s'apporter cette douceur, renouer des liens affectueux et pacifistes avec l'amour maternel, se consacrer à des activités douces, à des projets autour des liens Mère/enfants. Il peut couver ses projets cette année comme une maman poule. Il retrouve la joie grâce à son élan créatif et la solidarité se crée en lien à la Femme. Il a peut-être besoin de s'entourer de femmes, créer un collectif, s'associer. Il peut porter la Femme dans ses projets. Il a envie de se relier ou de relier autrui. Pas de beaux discours, les actes suffisent, souvent dans un grand silence. Les femmes peuvent être cette année d'un grand secours.

L'être 2 en se reliant à son féminin peut retrouver l'esprit d'entreprise et d'analyse, faire repartir une activité notamment commerciale. Il retrouve un second souffle après une épopée parfois douloureuse. Il peut se reconvertir professionnellement. Le sens de la communication, du marketing, de la promotion germe en lui. Le moment est venu d'ouvrir les portes de votre temple intérieur. Il peut voir plus grand, démarcher pour un nouveau poste, relancer sa carrière ou son entreprise, la faire rayonner à l'étranger. L'année 1 le porte vers ailleurs, vers l'extension de ses capacités et le dépassement de soi. La fréquence 1 demande de coopérer avec le commerce, de se positionner en adoptant une nouvelle attitude, une nouvelle stratégie de vente. L'être 2 doit oser sortir de sa cachette.

Il peut recevoir cette année de nouveaux enseignements sur la guérison. Il est guidé spirituellement par les Maîtres de Sagesse. Le Maître 2 peut reprendre son pouvoir guérisseur et développer ses nouvelles connaissances en matière de médecine traditionnelle chinoise, médecine naturelle par les plantes. Il peut mettre en avant les traditions millénaires et ancestrales. Sa simple présence soigne. Elle est appréciée et reconnue tout comme ses talents de médiateurs. L'esprit 2 a besoin de descendre en lui, dans son intériorité pour activer la force du mouvement.

2017 résonne dans vos corps comme un électrochoc ! il se peut que vous soyez vous même surpris par vos prouesses physiques, vos talents cachés, vos dons endormis. Le "Serpent de Feu" vient révéler vos grandes capacités spirituelles ou intellectuelles. Vous pouvez cette année rayonner, vous étendre jusqu'à l'étranger. Vous partez à la conquête de territoires encore non visités. N'ayez pas peur de vous étaler et de prendre la place qui s'impose. Si vous a été éprouvé, il se peut que 2017 vous révèle encore la fraîcheur et la jeunesse dont vous disposez. 2017 vous répare ou vous montre le besoin de vous réparer dans le cœur. Cessez de croire que tout est fini, votre avenir commence maintenant dans le tout possible amis 2 ! Semez vos graines cette année et ne vous tempérez pas dans vos actions !

L'esprit 3 en année 1

Année de la cohérence.

L'esprit 3 est un chercheur. Son esprit est curieux et le fait repartir à l'aventure, incognito, baluchon sur le dos. 2017 est une aventure spirituelle qui l'entraîne dans des espaces méconnus. Elle lui apporte de la constance, de l'endurance, de l'opiniâtreté.

2017 est ce miroir qui lui révèle son éternelle jeunesse. Il porte de hauts idéaux.
Il repart seul ou à zéro, à la rencontre de nouveaux espaces, à la recherche de nouvelles connexions d'Esprits, novateurs, de nouvelles créations qui élèvent le Monde. Il cherche des appuis pour améliorer sa qualité de vie, celle d'une collectivité, de sa famille. Ses actions sont vouées à servir l'intérêt général. Peut-être a-t-il envie de partir seul à vélo sillonner le monde ou partir en expédition sur les hauts sommets des grands cols ? Cette année lui donne l'envie d'écrire de grands scénarios ou de réaliser le film de sa vie.

L'esprit 3 est riche spirituellement, curieux, à la recherche de nouvelles créations dont il s'inspire en partant à la découverte du monde et de nouveaux horizons. Il révèle sa puissance en innovant. Il a besoin de pérenniser, de transmettre à travers son esprit paternisant. Il est en recherche de matière et pourra trouver dans l'esprit 4 la fusion pour matérialiser ses projets.

L'Esprit 3 peut se reconstruire et se renouveler. Il peut être à la recherche cette année de "racines". Il part à la découverte de son identité, de ses ancêtres, de ses parents biologiques. Il désire faire la Lumière sur son Histoire personnelle. Il peut vouloir aussi en sortir ou réveiller les secrets de famille. Il reconstitue le puzzle de sa vie. L'esprit 3 a besoin de mettre la Lumière sur sa Création. Il peut arriver à une sortie de karma, voir la lumière au bout du tunnel. L'attachement au foyer est important. Il peut trouver un lieu magique pour s'installer, mettre sous protection sa famille à moins que ce soit un besoin de se retrouver auprès d'un clan, d'un groupe d'individus partageant la même philosophie de vie.

2017 amène à l'esprit 3 les nouvelles connaissances, les révélations et manifestations nécessaires à son ascension. Il doit prendre ses responsabilités. Cela concerne surtout le Masculin en tant que père, époux et chef. Cette année, le Masculin est sur son trône. Il reprend sa place et son autorité. L'esprit 3 créé cet enracinement qui lui permet d'amasser, de recevoir, d'amener vers lui une nouvelle force, la découverte d'une habileté, de nouvelles connaissances. Il se renforce et se fortifie pour gagner en assurance. Il se recentre sur lui-même, sur ses hautes aspirations, plus élevées et plus humanistes. L'esprit 3 peut se constituer une nouvelle identité spirituelle et réveiller une grande bonté d'âme. Il peut s'agir d'une guérison terrestre après une longue quête ou exode de l'âme à chercher, comprendre, dénouer ou se battre. L'année 2017 annonce la pacification, une trêve, le "repos du guerrier".

L'esprit 3 est prêt à s'engager avec honneur tel un chevalier. Il est prêt à servir la mémoire d'un être cher ou d'une personnalité mais aussi un modèle ou des schémas paternels. Il est prêt à connecter avec plus grand que lui, se relier, s'unifier, se pacifier ce qui va lui permettre de prendre confiance en lui, de repartir avec fougue sur son chemin spirituel, d'accroître son charisme pour réaliser ses projets les plus fous. Son aura touche le domaine de l'entreprenariat, les domaines de la collaboration notamment avec l'homme mais il peut s'agir aussi d'humanitaire, de transmissions sacrées ou tout simplement d'une abondance limpide. Les manifestations divines se révèlent fluidement.

L'année 2017 vous fait monter à cheval pour partir à la conquête d'idées novatrices. L'être 3 est un chercheur et un acteur du renouveau. Il part en "croisade" car il voit plus grand pour lui ou ses proches. Son esprit est conquérant. 2017 annonce ces grandes chevauchées qui demandent abnégation et courage. Ce travail peut demander un éloignement nécessaire, des concessions à faire pour arriver à votre but. Ne vous renfermez pas sur vous même ! Une douleur peut prendre fin cette année.

L'esprit 4 en année 1

Une année 2017 tranchante.

L'esprit 4 redécouvre une force nouvelle, décuple sa puissance et entre en accord avec qui il est. Il réintègre sa nouvelle matrice avec cette force décuplée. Il est prêt et décidé à abattre des montagnes. L'esprit 4 épouse le Maître intérieur et peut conclure un contrat qui puisse le mettre à l'abri de la difficulté. Il s'installe confortablement dans sa nouvelle vie. L'année 2017 peut glacer, geler ou apaiser les tensions, mettre fin aux sacrifices à moins qu'il soit appelé en tant que Maître à désamorcer des crises. Ses responsabilités sont importantes. Son rôle et sa place sont grands cette année. Ce peut être une métamorphose vécue intérieurement ou une sorte de réincarnation terrestre. Il peut être au centre du "jeu" cosmique, se laissant tour à tour entraîner par ce personnage de Juste ou de Héros qui vient remettre de l'ordre ou sauver la Planète.

Les énergies tonnent sur sa tête et peuvent déverser de nombreuses charges, lourdes à porter. L'être 4 est cela dit assez solide pour porter sur ses épaules les nouvelles directives qui lui sont transmises. L'esprit 4 est prêt pour de nouvelles responsabilités. Il est prêt à s'investir et voir grandir ses projets.

2017 lui apporte une amélioration de sa condition de vie à moins qu'il soit appelé à améliorer des situations désespérées autour de lui. Il peut devenir une "figure" ou une "icône". Il est l'homme ou la femme de la situation ! Il peut être reconnu pour sa carrière, être respecté pour son travail. Il peut être reconnu aussi pour son naturel et son franc parler. L'autorité de l'esprit 4 est plus grande et il peut lever le ton, parler voire trancher fermement. Sa présence est remarquée. Les regards admiratifs se posent sur lui et il est sujet aux éloges. Il y a un goût de célébration !

L'esprit 4 retrouve la joie dans la matière. Il doit pouvoir recréer son espace pour s'amuser, s'aventurer, se libérer, se lâcher. Il a besoin cette année de nouveaux terrains de jeux sinon il peut s'ennuyer. 2017 lui permet de s'agrandir et de trouver un travail plus confortable. Il déménage dans un nouveau bureau, se crée un espace de vie plus lumineux. Il crée de la dynamique dans son foyer ou au travail. Il peut rebooster "le moral des troupes". Il peut goûter à tout et 2017 peut offrir une année charnelle, de plaisirs, de gourmandises. Il affronte ce quotidien avec classe et enthousiasme. Il se plaît dans le JE et affirme pleinement qui il est en toute conscience. Il entre cette année dans cet espace "sélecte" et privé. Il gagne en maturité et en assurance.

2017 peut refermer les lésions du passé. Il s'affirme dans cet esprit de guerrier et affine sons sens de la justice. Il a besoin de réparer pour rendre plus solide ce qui est autour de lui : le corps, la maison, la conscience. Il est nécessaire pour lui de passer à l'action et de programmer sa vie. Si son corps peut être une lourde cuirasse, il prend cette année la forme d'une camisole de joie. Le corps s'allège et retrouve sa dynamique. 2017 lui impose d'être davantage dans la légèreté.

Il répand et sème la bonne nouvelle autour de lui. Pas de routine prévue cette année. Derrière le personnage sauvage, 2017 le pousse à se dépasser, à sortir de ses retranchements, à prendre la parole en public. Il sort de son isoloir. Découverte, émerveillement, surprise l'attendent s'il s'offre au monde. Tel un petit lutin trop longtemps resté dans son ombre, il a à produire des efforts pour ne pas se recroqueviller sur lui-même. Il doit panser ses blessures de guerrier.

2017 donne de nouveaux repères auxquels il lui faut s'adapter.
L'esprit 4 se recrée une maison, un nid, un cocon plus doux. 2017 lui apporte des privilèges, une protection,

voire à l'extrême une fortification. Il doit travailler dans la matière pour s'élever plus haut cette année.

Ne vous barricadez pas et ouvrez-vous au monde c'est le moment ! Prenez 2017 comme une chance, un cadeau qui vous est offert. Les régions froides sont propices à votre expansion. Vous êtes reconnus pour votre fiabilité.

L'esprit 5 en année 1

Une année d'enchantement.

La roue tourne et vous embarque dans son grand tourbillon. L'année 1 est une expansion vers la Joie. Dans ce grand courant énergétique, l'esprit 5 peut se battre pour revenir dans la bataille. Il renoue avec cette classe, ce brio féminin. 2017 redonne un goût de victoire, de bataille gagnée et d'assurance après une période d'adversité. 2017 restaure l'être 5 après une période de pénurie. L'esprit 5 brille et resplendit comme une étoile, surtout en ce qui concerne la Femme qui réactive cette année son pouvoir. Il explose au grand jour et elle retrouve sa liberté. Il peut tenir en joue ses adversaires. Il peut sortir de sa réserve, oser s'exprimer en public. Il est celui que l'on n'attend pas, le petit dernier sorti du chapeau. Il revient à la charge et il renverse tout le monde pour rattraper son retard. Les énergies 2017 lui font faire un bond en avant spectaculaire. L'être 5 est un artiste et il peut retrouver ce don du spectacle, de la mise en scène clownesque, son don de la répartie. Il s'amuse en offrant du spectacle et du bonheur. Il est un magicien aux tours exceptionnels ou un alchimiste au grand cœur. Tout ce qu'il touche est précieux. Une chose est sûre c'est qu'il est bien dans sa peau et ne se cache plus pour exister. L'être 5 sort de son insouciance juvénile pour devenir assurément lui.

Il peut porter son énergie sur l'amour pour ses ascendants. Il peut orienter son amour en lien à la Mère, apporter du soin à sa "mère intérieure" ou bien se focaliser sur des soins envers la "Mère". Il peut donner l'apparence d'une maman ultra protectrice. Il a besoin de mettre l'Autre sous protection. Vous placez sous vos ailes votre foyer, vos enfants, les êtres en péril. L'esprit 5 représente "l'être aimé". 2017 touche l'être aimé, la(e) compagne(on). L'être aimé peut représenter aussi l'esprit 5 qui peut recevoir de l'amour en abondance. Il peut déborder lui-même d'amour et vouloir le mettre au service d'une cause. Il peut montrer ses meilleurs atouts dans cette reconnaissance intérieure et recevoir de nombreux témoignages affectifs en retour. Il reçoit l'attention et l'amour de ses proches. Les échanges amoureux sont authentiques et nombreux. 2017 favorise les rapprochements humains. Attention à la sensiblerie. L'être 5 embarque avec lui tous ceux qu'il aime telle une recomposition de "l'arche de Noé". La solitude n'est guère pour lui cette année. Il peut roucouler à l'autre bout du monde.

2017 est une année de grandes responsabilités qui touche le moteur du couple, de la vie à deux : réparer et s'unir ou se séparer et fuir ? 2017 demande de l'engagement, des efforts pour fortifier son amour, retrouver une stabilité dans sa vie sentimentale. Il demande à l'être 5 de reconnaitre ses hautes aspirations et de les servir. 2017 lui fait prendre ses responsabilités en amour et lui demande de reconstruire avec le cœur.

L'esprit 5 est un grand cœur boulimique de Vie. Les opportunités pour lui sont évidentes.
Tout arrive soudainement. Cela favorise les bonnes nouvelles et les surprises inattendues. Il se peut qu'il n'en croit pas ses yeux. Il est important de prendre des décisions sages, de se poser et de ne pas s'emballer cette année. L'esprit 5 peut perdre de l'énergie dans des initiatives prises trop à la hâte. Gardez la tête sur les épaules ! Il doit lâcher prise et donner plus de structure au mouvement et à sa créativité. Il a besoin d'agir avec des cadres.

2017 le met en Lumière et elle peut l'éblouir. Elle peut l'écarter de sa clairvoyance et de son discernement. Cette nouvelle année peut lui faire perdre la raison ou la tête. Attention aux illusions, aux coups bas, aux trahisons, à l'emballement. Il ressent le besoin d'éclaircir sa situation, de faire ses "au revoir" au passé, de mener à bien une nouvelle existence conformément à ses aspirations spirituelles et sa nature protectrice.

Il a un besoin de transmettre et d'enseigner. L'esprit est joyeux et amusé. Sa méthodologie est saine et claire. 2017 le pousse en avant pour transmettre le fruit de son apprentissage. Le moment est venu pour lui d'éclairer les autres et de les sensibiliser. La protection et la sécurité peuvent être au cœur du débat.

Ils peuvent toucher aussi bien les domaines de la santé, du bienêtre, de l'alimentation. Les métiers de l'enseignement vous sont favorables. L'être 5 brille par ses compétences, son savoir, ses transmissions, son intelligence de cœur. Il enchante la Vie des autres et crée du Bonheur autour de lui. Il doit faire confiance en son Moi supérieur.

Ne faites pas dans la démesure cette année, restez dans la simplicité. 2017 vous transcende et peut vous faire voler haut. Restez bien ancré pour ne pas survoler votre année et manquer de la vivre pleinement. Restez avec "maman la terre" qui vous guide et vous transmet ses "mere-veilleux" influx.

L'esprit 6 en année 1

En quête de Bonheur.

L'esprit 6 est en quête de toujours plus! Il est partout et court sans cesse. Il est en quête du bonheur à l'extérieur de lui-même. 2017 lui apprend que ce Bonheur est à sa disposition, en lui. Cette nouvelle année lui apprend à basculer en soi, à chercher à l'intérieur de soi et à ne plus se disperser. 2017 le discipline, le recadre et lui apprend à se contenir. L'esprit 6 court partout pour répondre aux appels et aux demandes extérieurs. Il peut se mettre en danger, voire se fatiguer. Il ne peut aider tout le monde. Symboliquement, il est ce petit chaperon rouge à la merci du Grand loup. Les énergies lui conseillent d'arrêter de courir et de protéger son bonheur.

2017 peut lui imposer des choix de vie, le faire basculer dans une autre réalité. Il peut être prisonnier de l'illusion. L'année 1 peut le renverser du bon comme du mauvais côté, le pousser à s'engager ou à se désunir. Il doit trouver sa force et regagner son Pouvoir personnel. 2017 lui fait reprendre du "poil de la bête".

Cette nouvelle année lui permet de conclure un cycle mais aussi de le réveiller sur ce fameux potentiel qui est inné en lui. Il peut se retrouver à de multiples occasions face à lui-même. Il peut braver les interdits, jouer avec le feu ou se sentir impuissant face à la tâche qui l'attend. Il peut être trop gourmand et en faire trop. La cause en est sa dispersion ou sa soumission aux autres.

L'être 6 peut agir ou se sentir dans l'urgence. Il déborde d'activités et peut être appelé partout. Demandé, recommandé, il y a un risque de débordement administratif, professionnel, affectif. Il peut trop en faire, trop en vouloir, trop décider pour les autres. Ne vous laissez pas submergé ! Il peut être mis face à des contretemps, à des poids lourds qui obstruent la fluidité de son quotidien. Il doit apprendre cette année à se dégager de poids qui pèsent sur sa conscience ou sur ses épaules. Il peut se libérer d'émotions qui empêchent sa construction ou de bâtir sa vie. L'objectif est de se démarquer, de se remettre dans l'axe, de se fixer de nouveaux objectifs et de retrouver sa fluidité avant l'entrée en 2018.
Les énergies le boostent mais peuvent le rendre instable. Il peut passer du "coq à l'âne". Il peut être partout à la fois, là où on ne l'attend pas. On le voit partout.

2017 dégage et fait basculer l'être 6 dans de hautes fréquences d'amour inconditionnel. Tel un arc en ciel, sa vie est douce et haute en couleurs. L'arc en ciel est la fréquence de votre nouvelle vie si vous acceptez de basculer vers le Renouveau. Elle peut être riche culturellement, douce en lien aux enfants, au foyer. Une vague de bonheur peut le submerger et le transformer cette année. Il peut vivre ou partir en quête du grand amour jusqu'à l'autre bout du monde. Il peut découvrir un nouvel art de vivre. Il peut être transformé dans son cœur et dans la manière de concevoir sa vie amoureuse. Il peut s'éloigner de la foule pour créer et vivre son Bonheur. Il a besoin de créer du Beau, du sublime. Il peut sublimer l'être aimé. Il a besoin de fusionner et de s'investir. Le milieu de l'enfance est favorable.
Il peut aussi rêver sa vie et ne pas prêter attention au fait qu'il marche à côté d'elle. Il peut être passif s'il continue à vivre à l'extérieur de lui-même et peut manquer le wagon qui l'amène vers cette nouvelle destination d'amour. Attention donc aux rêveries.

Ses sens sont décuplés. Il est comme comme la force d'attraction d'un aimant. Il peut construire autour de lui un nouveau réseau, s'entourer d'une nouvelle équipe, de nouvelles relations. Il est ultra magnétique. L'énergie du 6 déborde d'ingéniosité et de contacts. Il doit laisser libre cours à son imagination.

L'être 6 doit cette année se recentrer sur lui-même et mettre de l'ordre dans sa vie mais avant tout apprendre à s'aimer ! Il doit se focaliser sur ses objectifs pour parvenir au Bonheur intérieur. Ce qu'il recherche est en lui. Il doit se fier à son instinct et retrouver son autonomie. Il ne peut compter que sur lui-même.

L'esprit 7 en année 1

Reprendre confiance en soi

L'esprit 7 peut se consacrer à son voyage intérieur cette année et vouloir faire partager son nouvel espace de vie.

Il a besoin de plonger au fond de soi, comme dans un profond sommeil, en quête de sens et de profondeur. Il peut devenir mystique occasionnellement lui qui par nature favorise plutôt l'intellect.
Il tend à s'effacer. Il se ferme, se structure pour gagner confiance en lui. Il peut avoir un coup de mou, un ras le bol dans ce passage 2016/2017. Il est placé dans le circuit des énergies universelles pour se laver et se restructurer émotionnellement. Il peut se fatiguer mentalement, avoir besoin d'être soutenu, aidé psychologiquement face à la pression énergétique. Ce temps est nécessaire pour faire un bilan, pour éclore et briser sa coquille, pour passer à l'action, au neuf, à la nouveauté, à l'engagement, au vivant. Ce changement de carapace peut le faire douter, le renverser ou le mettre profondément en colère. Dans ce processus, il peut s'effacer au profit des autres. Il peut trouver la force dans son nid, auprès de ceux qu'il aime. Il peut limiter ses fréquentations, limiter ses apparitions, restreindre

son cercle amical, ses activités. L'esprit 7 va à l'essentiel. Il reste dans sa bulle tout en étant parfaitement conscient de ses choix de vie. Il est dans une énergie qui le maintien en accord avec lui-même.

Il peut cette année se recycler, se réinitialiser, se perfectionner. L'esprit 7 tend vers plus de maturité d'esprit et peut briller intellectuellement. Il apprend à conscientiser et éprouve le besoin de déposer sur papier tout ce qui pèse sur sa Conscience à moins qu'il vienne en aide à autrui dans le but d'alléger les consciences. Il peut être face au deuil cette année et être un bon accompagnant pour les personnes en fin de vie. Il peut faire du bon travail en ce sens. Il arrive à cette humilité intellectuelle qui le fait repartir en petit nouveau. Il se peut qu'il soit arrivé au bout d'un grand savoir et qu'il se sente prêt à le retransmettre ou à reprendre des études pour s'évader dans une nouvelle discipline méconnue. Il a besoin de former, instruire, transmettre, écrire après des années de coupure ou de rupture avec le passé. Il se renouvelle intellectuellement. Il se peut que l'esprit 7 ait été coupé de sa Conscience éclairée et que la lumière de son esprit se rallume cette année. Ce temps d'introspection est nécessaire pour lui permettre de se retrouver en harmonie avec lui-même. 2017 marque un point de rupture entre le passé et le présent.

Il peut cette année regagner son esprit de guerrier, de réformateur et défendre bec et ongle ses idées. Il peut aider à casser des schémas, à briser des chaînes. Il peut entrer dans le combat et exprimer sa force intellectuelle, sa Morale. L'esprit 7 est relié au mental et il peut cette année analyser, décortiquer le verbe, les possibilités qui lui sont offertes.

Insatisfait, il a besoin sans cesse de ressasser les pensées, les idées, la création. Il peut s'opposer à tout, être critique, juger, voire être nuisible, cassant pour l'autre dans l'extrême. Les énergies l'invitent à rester concentrés sur son travail d'ouverture d'esprit ! 2017 l'aide à gagner en souplesse et à prendre la vie avec plus de philosophie. Il peut sortir de la misanthropie, croire davantage en l'avenir, à entrevoir une éclaircie.

2017 place l'esprit 7 face à différentes portes ou clefs d'ouverture, symboles de progrès et de possible. Il repart en cette année 1 à la recherche des ouvertures qui manquent à sa vie. Il cherche les rencontres humaines véritables. Il a besoin de revenir sur ses souvenirs passés, de renouer avec ce qui est chaleureux. L'esprit 7 rentre au bercail et trouve le besoin de s'isoler en famille, auprès des siens. Il revient à des valeurs essentielles. Il a besoin de ses parents ou de reconstruire avec eux une relation affective dégradée. Ils peuvent lui donne de la force, les bons conseils, le tempérer. Les retrouvailles avec les ascendants remplissent le cœur de l'esprit 7. Cela peut l'aider à y voir plus clair autour de lui. Il peut compter sur une grande aide et un soutien extérieur.

Professionnellement, il collabore et recherche les bons partenaires. Il ne peut avancer seul. Il peut se sentir débordé tout comme sur le plan émotionnel et dans sa vie affective. Le secours ou le salut vient encore une fois de l'extérieur. On peut l'alléger dans ses tâches, le sécuriser, le supporter voire à l'extrême le "sauver". Il a besoin de rassembler autour de lui et de se sentir entouré. Il retrouve un équilibre, une cadence énergétique, de l'entrain dans cette nouvelle matrice. Il peut dans ce nouvel espace être attiré par la philosophie, le Zen, la pratique de la méditation. Il peut avoir aussi un côté rétrograde. L'esprit 7 doit faire attention à ses dépenses énergétiques.

Souriez amis 7, les choses ne vont pas toujours dans votre sens mais cette année 2017 vous permet de raccrocher les wagons avec des personnalités de valeurs qui vous permettent de vous réconcilier avec vous-même.

L'esprit 8 en année 1

Un réveil de conscience.

L'esprit 8 se réveille et il est invité à ne pas rétrograder cette année. Il est contraint à prendre soin de son véhicule physique, de faire faire une pause à son moteur et un point sur sa vie personnelle. L'esprit 8 arrive à un carrefour, un point mort où il va devoir comprendre et tirer des leçons. Cela peut se vivre comme une crise, une dépendance, une mise au point. Il peut se chercher et les évènements 2017 peuvent l'amener à faire un bilan sur son existence. Il a besoin de ralentir face à une énergie 2017 trop rapide. Il peut se protéger de la foule. Une situation peut l'enfermer, le saturer énergétiquement. Il peut se recentrer ou se replier sur lui-même pour de meilleures prises de conscience. Il peut vivre un raz de marée existentiel. Tout dépend la façon dont il a construit sa vie par le passé. Attention à ne pas devenir rustre et à trop exagérer.

Il peut orienter sa vie cette année vers de nouveaux desseins plus en lien à ses aspirations profondes et quitter un monde en perdition. Il ressent cette année le besoin de dissoudre le passé pour en venir au présent, s'éloigner d'une vie trop superficielle. Il peut mettre fin à une situation qui a trop duré. Il peut abandonner un statut, un poste, faire donation de ses biens, se résoudre à s'affranchir du superflu ou de ses possessions. Il peut se réveiller et prendre conscience des futilités de la vie matérielle ou plus simplement d'une idée, d'une croyance auxquelles il été attaché. Il peut reconnaître ses torts.

L'esprit 8 a besoin de ralentir et d'entrer dans sa coquille pour se consacrer à plus d'authenticité. Il peut repartir à la source de son cœur pour s'élever. L'année 2017 peut le contraindre à renoncer, à s'isoler, à faire une retraite, se retirer un temps pour mieux revenir. Il retrouve le sourire dans son intériorité. Il peut être sensible à tout ce qui est fragile et à ce qui est sans défense. Il peut vouloir protéger et se poser en tant que gardien.

L'être 8 peut ressentir cette forme de déception et 2017 peut être une année de remise en question profonde. Il comprend, intègre, digère. Les révélations viennent à lui. Il peut démasquer rapidement ses adversaires. Les voiles de l'illusion se lèvent, ce qui peut être intensément douloureux comme libérateur. Son travail cette année est marqué par la compassion. Il doit écouter plus, se démarquer davantage et se libérer d'une prise de pouvoir illusoire que l'année 1 fait tomber. Il peut lâcher un contrôle qu'il exerce sur autrui. Ce qu'il recherche est ailleurs, dans une voie d'ouverture vers l'autre, dans un état d'esprit pacifié et solidaire. Il peut quitter la ville pour vivre à la campagne. L'année 1 peut le transporter vers un ailleurs, le rendre altruiste, créer l'ouverture de cœur à travers une rencontre, un geste, un sourire. L'émotion est au rendez-vous pour l'esprit 8. Il peut rejoindre son temple pour mieux s'accorder. L'insatisfaction peut l'aider à reprendre la route à la recherche de sensations uniques. Il a besoin de partir en quête d'un monde qui réunit et rassemble. Son voyage 2017 l'amène à reconnecter avec l'esprit du cœur et ses hautes valeurs sacrées. Il a besoin d'avancer sur son chemin en quête d'indépendance. Il peut sillonner les routes. 2017 propulse son moteur vers l'ouverture et favorise les déplacements.

Si l'esprit 8 se branche à son canal divin, il peut ouvrir les portes de son chez soi, être fier de réunir, rassembler, accueillir, veiller sur son foyer avec amour parfois même possessif. Il retrouve l'entrain, son dynamisme en vue de 2018. Il sort du contrôle et de la machination pour être dans l'existence de sa vie. S'il a visé haut ces dernières années, il peut faire le vide, repenser à son passé, faire un retour sur lui-même. 2017 peut l'assagir ou l'amener au culte des petits bonheurs simples à partager. Les voyages le connectent à cette ouverture de cœur et le libère du superficiel. Il a besoin d'air et de revenir à l'esprit de la Terre. L'esprit 8 aime partager son expérience. Il aime tout spécialement lorsqu'on l'écoute parler de façon interminable. Attention à ne pas tomber dans la confusion. Il peut dire tout et son contraire tant il a besoin de se faire entendre. Il peut cette année fréquenter les lieux de conférences, où l'on étale son savoir. Il bat en retraite, obtempère et se canalise devant le jeu des énergies 2017 qui entendent son cri de désespoir. L'esprit 8 peut retomber en enfance. Il peut se comporter de façon immature en amour. Attention à la manipulation. Laissez-le parler pour mieux se libérer. Les rêves et songes sont nombreux.

Soutenez le dans son isolement. Ce temps est nécessaire pour l'aider à grandir dans son cœur. Il a besoin de marquer une pause pour se terrer dans l'ombre, se faire oublier et rejoindre sa lumière intérieure. A travers cette quête de paix et de sagesse, il savoure l'expérience de l'amour universel.

L'esprit 9 en année 1

Une année d'"excellence.

L'esprit 9 est remarquable. Il possède cette classe et on lui fait remarquer. L'esprit du 9 doit s'armer cette année de courage, de patience, de persévérance pour faire arriver les autres à son degré de compétences et d'évolution. Il peut être armé jusqu'aux dents et est décidé à ne pas se laisser faire. L'année 1 l'aide à se recharger et à se remplir après une période de vide ou de grand nettoyage intérieur. L'esprit 9 n'est pas un expansif, il retient ses émotions. Il reste protégé cette année dans sa bulle. Il peut se faire critiquer, rien ne passe à travers lui. Sa carapace est fortifiée. Il se moque des jugements. Il peut faire cavalier seul, droit sur sa monture, à la recherche valeurs plus hautes ou de personnalités dignes de confiance. Sa curiosité, sa malice peuvent l'amener à fouiner et vivre des révélations, des expériences insolites là où habituellement son cœur est fermé.

Son esprit peut éveiller les foules. Il peut être un éveilleur, un montreur de chemin. Il provoque une contagion, son aura, son charisme sont puissants. Il est écouté, lu, compris. Il sème autour de lui les graines pour notre compréhension terrestre. Il opère chirurgicalement cette année dans la matrice. Il peut aller à la rencontre de ses émotions. Il décide de descendre en lui-même. Il est compatible et positif au Bonheur cette année qu'il peut inoculer autour de lui. L'esprit 9 cette année diffuse sa bonne humeur. Il crée la sympathie.

La magie opère pour l'esprit 9 à travers l'insolite, l'enchantement, le dépaysement. Il peut être surpris par l'évolution ascensionnelle de cette année 2017. Les surprises du ciel peuvent être nombreuses. 2017 est le retour à la belle saison dans sa vie. Il peut recevoir un prix d'excellence pour son parcours, son engagement, être félicité et reconnu par ses pairs. Il peut avoir besoin de vivre des sensations fortes. Il peut passer de grade, faire le bilan d'une carrière exemplaire. Il peut être un excellent coach ou entraîneur. Il est une épaule sûre sur laquelle on peut s'appuyer cette année. Il peut être une béquille, un pilier dans sa famille. Il est appelé à remettre de l'ordre dans le chaos. Il peut cette année vous engager et vous ouvrir la voie vers la réussite. C'est par lui que le succès arrive.

Il forme, conseille, entoure. Il encourage la cohésion, les rassemblements. Il calme et tempère les rébellions. Il peut trancher, sévir toujours en prenant de sages décisions. Il élève l'âme par la parole toujours juste et recrée une dynamique. On se réancre avec l'esprit 9 et il nous fait revenir à la réalité, dans la matière ! Il peut gagner le pari de faire monter les autres au plus haut sommet. Il peut prendre l'ascenseur avec tous ceux qu'ils élèvent.

Il peut se battre cette année pour faire reconnaître la différence. Il est sensible au handicap. Il peut prendre la défense de tout ce qui peut être en lien aux notions de différence, ségrégation, séparation, racisme. Il s'engage et protège. Il est celui qui relie, qui fait bouger les grilles de l'égo, les mentalités et fausses croyances pour faire accepter ce qui est. Il peut s'investir dans le sport, en tant qu'éducateur ou se consacrer à une entreprise où les défis sont à relever. C'est un excellent architecte de vie qui conçoit et organise à merveille. L'année 1 fait ressortir l'esprit 9 de ses retranchements, d'une vie minutieusement organisée. Il peut faire LE voyage de sa vie cette année.

La bienveillance, la générosité paient cette année et donnent de belles satisfactions. Il récolte le fruit de ses efforts ou des sacrifices passés. 2017 apporte réparation et reconnaissance de ses valeurs. L'esprit 9 est un espoir de renouveau. Il sort des "standards" et est en lumière en étant simplement lui, véritablement. 2017 annonce la bienveillance du destin, les coups de pouce, les cadeaux du ciel en lien à l'amitié, la fraternité, les liens du cœur. Il peut gagner des batailles pour faire reconnaitre son intégrité, une idée, un mouvement, un projet humaniste.

S'il régresse c'est pour mieux revenir à son état de petit garçon capricieux et frondeur. Il a besoin d'être cajolé. Ne le laissez pas tout seul dans son isolement, offrez-lui du sport insolite, des sensations fortes. Il a besoin de se révéler, de tremper le maillot, de se dépasser.

EPILOGUE

Cette année s'ouvre en éclat, nouveauté, découverte, mixité, pluralité. 2017 dévoile sa vraie raison d'être, son cœur. Le cœur de l'humanité bat au rythme de la Terre. Nous ne faisons qu'un avec elle. Le cœur de la terre accentue sa résonance. Nous entendons parler d'une humanité oubliée, qui légifère et se bat pour l'exercice de ses droits. L'humanité et son cœur grandissant s'apprêtent à mener le combat spirituel.

2017 est une compréhension de notre monde de paix. On peut assister à une déchirure entre l'ancien et l'onde de choc du renouveau. Ce peut être aussi le choc d'une culture spirituelle et matérialiste opposées en deux hémisphères. Deux mondes se déchirent dans le ventre de notre mère et s'affrontent entre excès de Vanité et de Sagesse. Si la Terre est désormais scindée en deux, c'est pour arriver à cette équité des extrêmes.

2017 est la reprise d'un cycle de 9 ans qui nous permet de nous relever. C'est un large appel aux âmes bâtisseuses qui peuvent cette année se mettre en action. Elles entrent dans ce collectif de paix. La saturation énergétique a bloqué leur mise en place en 2016. Elles ont cette fois-ci plus d'espace et de liberté pour bâtir et créer du mouvement. Les structures de toutes créations sont pérennes et solides à quiconque voudra démarrer ou soutenir un beau projet d'avenir. Nous débutons les fondations de notre nouveau monde et cela passe inévitablement par notre individualité.

La question qui nous est posée pour cette année 2017 est : " que voulons-nous bâtir cette année ? Quelles sont les résolutions individuelles que nous avons prises ?". On peut tendre vers plus d'universalité dans nos rapports, croyances ou mode de pensées. Ce nouveau monde nous demande de nous étendre, de nous ouvrir, de nous émanciper collectivement pour que nous rayonnions par nos esprits éclairés.

2017 est une étape nécessaire aux changements de mentalité. Elle nous ouvre la voie sur de nouvelles perspectives d'avenir plus en adéquation avec le monde qui se dessine à l'horizon.

Nous sommes dans les années charnières et décisives de l'humanité qui est sur son siège éjectable si elle n'entend pas dès aujourd'hui le langage universel et interne des voix de la Sagesse. Nous sommes ensemble pour contenir l'hémorragie financière, cette course folle au pouvoir, à l'hyperconsommation. Cette énergie folle qui nous entraîne vers la perdition, la non conscience, la folie, la confusion de notre civilisation.

Nous avons fait un pas décisif pour revenir beaux dans la matière. Nous avons subi multiples persécutions de l'âme au siècle dernier. Mais notre guérison a accéléré le processus de notre incarnation. 2017 est ce pas, cette marche vers votre incarnation profonde, la redécouverte de notre identité oubliée, une marque de reconnaissance et de renaissance grâce à laquelle on réapprend à vivre différemment.

La crise que nous avons vécu ces dix dernières années doit être derrière nous désormais. C'est un nouveau cycle qui aboutit le mouvement, la fermeture de ce virus qui est la crainte du lendemain.

Il s'agit d'une crise comestible, dont on peut se nourrir et qui est nécessaire pour nous adapter au monde de demain. 2017 est une année de tous les commencements, de toutes les reconstructions, de tous les bouleversements. Chaque cycle entraîne des mouvements vibratoires et un réajustement.

2017 est une année souveraine. Derrière le conformisme et la prudence, l'anti conformisme dégénère et se libère pour convoiter toutes les possibilités d'aliéner le monde et de rendre possible ce qui était jusqu'ici improbable. Nous entrons dans une grande ère de division qui permet au Monde de se retourner et de se retrouver sur une linéarité, sorte de conscience unifiée, qui va clarifier et pacifier la Terre. Nous tendons vers cette universalité des consciences où nous avons la possibilité de nous exprimer en tant que tels si nous prenons le temps de reconnaitre nos responsabilités. Est-ce cela qui va amener une religion universelle d'amour et de bienveillance ?

Ce monde alternatif évolue sur deux fréquences distinctes. La communication est peut-être difficile mais 2017 ouvre la voie vers une alternative à la détresse, au pessimisme. C'est une voie de secours. Nous avons pour cela à entrer en conformité avec ce que nous sommes, à aligner nos pensées et nos actes à notre cœur de façon à créer un cycle d'abondance. Cette voie de secours est la voix du cœur. Le monde s'ouvre ainsi sur une voie de lumière.

2017 est une voie qui favorise les contrats et les pactes. Elle nous encourage à nous engager, à avoir confiance. Il y a cette possibilité d'extension et de profusion mais aussi de concrétisation et de matérialisation de nos espérances. Elle est une année d'engagement profond en soi qui nécessite la rectitude, une écoute à soi, une maturité, une responsabilité. La notion du devoir bien plus que de l'avoir est déterminante.

2017 est une argumentation pour demain, une révélation de la face lumineuse du monde, que tout est possible. Il s'agit d'une convocation à participer à la manifestation de la vérité, à la clarté, à l'expression de ce monde nouveau.

Nous posons ensemble les fondements et fondations pour demain. Un monde évolutif s'ouvre dans lesquels les possibles peuvent remplir tous les vides et les manques. Il s'agit d'une élévation de notre niveau de conscience, d'un rajeunissement. La jeunesse avec mépris des autorités apporte de nouvelles informations, une nouvelle manière de vivre, de nouveaux espoirs, des solutions en matière d'environnement, de solidarité ou bien en politique. Elle contribue à l'essor des esprits les plus marqués, les plus fragiles en marque d'insoumission. Cela peut indiquer aussi une jeunesse retrouvée en soi. On peut s'attendre dans ce réveil des consciences à un retour des "Pères de l'humanité". Cela peut impacter le continent américain qui peut apporter des solutions à la crise économique dans le monde et à la souffrance morale qui en découle. L'Europe peut elle aussi être touchée par le changement et être modernisée et moins austère.

Nous partons pour un nouveau cycle de 9 ans. Une phase intense de réconciliation et de guérison qui apporte à l'humanité les vraies réponses aux choix qu'elle a fait.

Nous entrons dans une nouvelle ère de réajustement planétaire, de mises en garde ou l'équité va montrer sa grande valeur. Dans ce passage, nous offrons à la terre toutes nos projections, nos souhaits, notre fécondité. Nous nous révélons dans l'éclat de notre être, à profusion.

Tout ce que nous allons émettre et transmettre prend ces 9 prochaines années l'effet d'une "bombe". Nous serons jugés sur nos actes. L'élévation graduelle du champ de conscience nous amène à poser les bonnes questions et à donner les bonnes directions à notre monde intérieur. Nous pouvons nous former à de nouvelles techniques grâces aux connaissances qui descendent actuellement sur la terre.

Il nous est demandé dès à présent de nous ouvrir à l'avenir, à l'aventure et à la voie graduelle initiatique de cette Ascension planétaire. Nous entrons timidement dans une nouvelle ère cosmique mais l'enthousiasme est là présent chez les créateurs et artisans de paix pour montrer la voie.

Activez la roue du bonheur ! C'est un nouveau challenge qui se présente à vous. Il s'agit d'une ère de lancement. Certains débutent leur ascension, d'autres terminent leur chute pour ensuite mieux se relever. Vous en sortirez grandis ! Il est important de dé diaboliser votre pénitence terrestre et de voir vos douleurs comme un moteur de votre transformation intérieure. 2017 marque les esprits par son apogée. Il peut s'agir d'une sorte de flambée libératrice.

Concourir à la paix, c'est être assez fort pour nous rassembler derrière un projet humain. Nous pouvons tous nous en tenir à une ligne de conduite, un objectif à atteindre. Nous pouvons tous nous focaliser sur notre talent à créer et mettre en avant un projet d'avenir. Nous ouvrons la voie en même temps que nous apportons conjointement une solution à la Terre. Une solution non pas de survie mais de canal sorte de "drain" qui purifie, pacifie, tempère les exactions quotidiennes. Nous entrons dans un processus qui nous fait lentement patiner, glisser, si nous ne savons pas comment nous révéler, acquérir un mieux-être, décider de notre guérison personnelle. Nous savons légitimement que nous avons un pas en avant à faire pour nous montrer et nous afficher dans notre véritable lumière, celle du cœur.

Table des Matières

Introduction .... 7 à 14

I-Retour sur 2016 .... 15 à 22

II- Messages et Guidances pour la Terre ... 23 à 47
- Un "Nouveau Monde"
- Un nouveau plan d'amour
- Concourir à la Paix

III- Votre année vibratoire 2017 .... 48 à 62
- Algorithmes 2017
- Analyse de l'année 20/17
- Analyse de l'année 10
- Analyse de l'année 1
- Analyses personnalisées

L'esprit 1 en 1 .... 63 à 66
L'esprit 2 en 1 .... 67 à 71
L'esprit 3 en 1 .... 72 à 75

L'esprit 4 en 1 .... 76 à 79
L'esprit 5 en 1 .... 80 à 83
L'esprit 6 en 1 .... 84 à 87
L'esprit 7 en 1 .... 88 à 91
L'esprit 8 en 1 .... 92 à 95
L'esprit 9 en 1 .... 96 à 99

Epilogue .... 100 à 106